동화·시의 매력

초판 1쇄 인쇄 | 2025년 7월 7일
초판 1쇄 발행 | 2025년 7월 15일

글 | 박상재

펴낸이 | 오세기
펴낸곳 | 도담소리
주　　소 | 경기도 고양시 덕양구 꽃마을로 34, 1416호(DMC스타펠리스)
전　　화 | 02)3159-8906
팩　　스 | 02)3159-8905
이메일 | daposk@hanmail.net

편집디자인 : 공간디앤피

등록번호 | 제2017-000040호
ISBN 979-11-90295-48-2　03800

ⓒ 박상재, 2025

이 책은 저작권법에 따라 보호를 받는 저작물이므로,
출판사의 동의 없이 무단 전재나 복제할 수 없습니다.

• 잘못된 책은 구입하신 서점에서 교환해 드립니다.
• 책값은 뒤표지에 있습니다.

동화시 창작 길라잡이

동화시의 매력

박상재

도담소리

머리말

한국 동화시의 트로이카
석동(石童) 백석(白石) 현석(玄石)을 기리며

　동화시는 스토리텔링을 갖춘 시로 두 가지 영역을 넘나들 수 있어 퍽 매력적인 장르이다. 동화와 시의 장점을 아울러 접하게 되니 매력적일 수밖에 없다. 동화는 동심을 바탕으로 하여, 어린이를 위해 쓴 산문 문학의 한 갈래이고, 시는 정서나 사상 따위를 운율을 지닌 함축적 언어로 표현한 문학의 한 갈래이다.

　동화시는 내용은 동화이고 형식은 시이므로, 동심이 바탕이 되어야 하고 서사 구조가 담보되어야 한다. 우선 형식이 시이므로 행과 연의 구분이 필요하다. 물론 시에도 산문시가 있고, 장시도 있으니 반드시 연을 구분하지 않아도 되지만 기본적으로는 연의 구분이 있어야 한다.

　한국문학에서 동화시라는 장르명으로 발표된 첫 작품은 《신소년》 1926년 4월호에 발표된 정인섭의 「幸福의 꽃노래」다. 이 작품은 "동화시"라는 이름으로 발표되었지만, 엄밀히 따져보면 전래동화 형식의 창작동화와 동화시의 중간 형태라 할 수 있다. 동화시의 기원이 되는 작품은 육당 최남선의 동화요 「남잡이가 저잡이」라고 할 수 있다. 육당이 만든 어린이 잡지 《아이들보이》 창간호에 실린 이 작품은 '동화시'라는 명칭으로 발표된 것은 아니지만 동화시의 요소를 갖추고 있다.

　윤석중은 본격 동화시의 영역을 구축했다. 윤석중이 동화시를 집중적으로 발표했던 1930년대 초는 '동요·동시의 내용·형식 논쟁'이 벌어지던 때였다. 기존 동요의 정형적 틀과 기계적인 음수율의 적용이 어린이를 포함한 작가들의 자유로운 창작을 가로막는 요인이라는 주장이 제기되었다. 뿐만 아니라 감상적, 애상적인 정조에 치우친 내용들이 어린이들의 계급적 현실을 담아내지 못하고 새로운 감흥을 불러일으키지 못한다는 지적을 받기도 하였다.

윤석중의 동화시는 바로 이러한 시점에 발표되었다. 윤석중은 첫 번째 창작집 『윤석중 동요집』(1932)을 낸 직후 곧바로 동시집 『잃어버린 댕기』(1933)를 준비하면서 동화시의 장르적 가능성을 실험했다. 동화시에 기존의 옛이야기를 차용하는 것이 아니라 현실 문제를 소재로 새로운 동화시를 창작하였다.

윤석중의 동화시 「고기차간 솔개」는 1928년 11월 8일에 《중외일보》에 처음 발표되었다. 1929년 12월에는 「굽떠러진 나막신」으로 제목이 바뀌어 잡지 《어린이》에 윤극영이 작곡한 악보와 함께 소개되었다. 본격적인 동화시는 「오줌싸개 시간표」이다 이 작품은 1932년 11월 5일자 《동아일보》에 처음 발표되었다. 이 작품은 1933년 우리나라 첫 동시집 『잃어버린 댕기』에 실린 다섯 편의 동화시 가운데 하나이다.

백석의 동화시 창작은 소련 문학의 번역에서 비롯되었다. 그는 1955년 러시아 아동문학가 사무일 마르샤크의 『동화시집』(민족청년사)을 번역 출간하였다. 이 책에는 「철없는 새끼 쥐의 이야기」, 「할아버지와 아이와 나귀」 등 11편의 동화시가 실려 있다.

백석은 아동문학 논쟁에서 자신의 동시를 옹호하기 위해 마르샤크를 언급했으며, 마르샤크 탄생 70주년을 맞이하여 그의 생애와 그의 문학에 대해 소개하기도 했다. 이 책은 백석의 동화시 창작에 직접적인 동기가 되었을 것으로 파악된다. 백석과 마르샤크는 그들의 모국에서 내려오는

머리말

전래의 민담을 재구성하여 동화시를 창작하고 싶었다. 하지만 사회주의를 추종하는 북한과 소련의 통제 속에서 본인들이 추구했던 작품 활동을 제대로 펼칠 수 없었다.

백석에게 있어 동시와 동화시의 탐구와 창작이야말로 영혼이 살아 숨쉬는 유일무이한 숨구멍이었다. 백석의 육체와 정신세계를 지배하는 새로운 출구였다. 1956년 백석은 1월에 나온 《아동문학》 제1호에 동화시 「까치와 물까치」, 「지게게네 네 형제」를 발표했다.

윤석중 이후 동화시는 임인수의 「별이야기」(아이생활, 1943)가, 해방 후 박영종이 「바보 이반의 노래」(어린이나라, 1949)를 발표하였다.

잠잠하던 한국의 동화시 운동을 주도한 이는 검돌 이석현이다. 해방 후 북한에서 월남한 이석현은 1960년에 월간 《가톨릭소년》이 창간되자 편집장을 맡는다. 그는 1966에 한국 최초의 동화시집 「메아리의 집」(성바오로출판사)을 출간하였다. 이 책에는 「엄마 반지」, 「창구멍」, 「메아리의 집」 등 19편의 동화시가 실려 있다.

이석현은 『동화시론』(교육자료, 1967)을 내면서 동화시 운동을 주창했지만 큰 호응을 얻지는 못했다. 동화시에서 시적 요소가 없으면 동화가 되고, 내용상 줄거리를 갖추지 못하면 단순히 장형 동시가 되므로 애매모호한 글이 될 수 있기 때문이다. 이석현이 1975년 돌연 캐나다 토론토로 이민을 떠나면서 그가 주창하던 동화시 운동도 점차 수그러들고 말았다.

한국 동화시에서 우리는 두 개의 커다란 돌과 만난다. 북한의 흰돌(白石)과 남한의 검은돌(玄石)이다. 그러고 보면 1930년대 석동(石童)이 놓은 주춧돌 위에 북에서는 백석이, 남에서는 현석이 동화시라는 돌집을 지은 것이다. 따라서 한국 동화시를 이끈 작가들은 석동 윤석중, 백석 백기행, 현석 이석현이다. 이들 세 주춧돌이 한국 동화시를 이끌어 간 트로이카라고 할 수 있다.

동화시는 한동안 아동문단의 관심 밖으로 밀려 있다가 1990년대 말 이후에 몇 권이 출간되었다. 발표된 동화시집으로는 위기철의 『신발 속에 사는 악어』, 박종현의 『비오는 날 당당한 꼬마』, 『너무나 예쁜 하얀 사슴』, 이경애의 『아침나라 이야기』 등이 있다. 근래에는 원로 동시인 신현득이 연작 동화시집 『용철이와 해바라기 세상 바꾸기』를 상재하여 관심을 끌었다.

동화시는 시와 이야기의 두 가지 내용이 한데 어우러진 작품으로 이야기의 전개, 곧 서사의 내밀한 울림과 파장이 작품 속에 수용된다는 특징이 있다. 독자들은 동화시를 읽으면서 동화와 시에서 느끼는 재미를 한꺼번에 맛볼 수 있다. 동화시는 단어, 문장, 연의 반복과 의성어와 의태어의 사용으로 리듬감이 있어 읽기 쉽고 경쾌한 느낌을 전달한다. 따라서 동화시는 탈장르를 지향하고 긴 글을 지양하는 현대인들의 구미에 안성맞춤인 장르이다.

최근 한국의 그림책이 세계적인 상을 연거푸 받고 있다. 그림책에는 동화시를 안치는 것이 제격이다. 앞으로 동화시는 K-문학의 상징으로 떠오르며 세계인의 독서 감각을 사로잡을 것이다. 이 책을 읽은 독자들이 동화시의 매력을 한껏 느껴 동화시의 전도사가 되기를 바란다.

2025년 여름
저자 사강(史江) 박상재

[목차]

제1부 동화시의 이론

1. 동화시의 개념 ··· 13
2. 한국 동화시의 역사 ·· 14
3. 동화극과 동요극 ··· 21
4. 일제 강점기의 동화시 ··· 25
5. 윤석중의 동화시 ··· 29
6. 현석의 동화시 ·· 41
7. 한국 동화시 개관 ·· 48

제2부 백석과 마르샤크

　1. 사무일 마르샤크의 동화시 ·· 53
　2. 백석의 동화시 ··· 61

제3부 동화시 창작의 길잡이

　1. 동화를 동화시로 바꾸기 ··· 119
　2. 동화책을 동화시로 바꾸가 ··· 139
　3. 이솝 우화를 동화시로 바꾸기 ·· 141
　4. 동화시 감상 ··· 155

제1부

동화시의 이론

1. 동화시의 개념
2. 한국 동화시의 역사
3. 동화극과 동요극
4. 일제 강점기의 동화시
5. 윤석중의 동화시
6. 현석의 동화시
7. 한국 동화시 개관

1. 동화시의 개념

　동화시(童話詩)는 시적인 짜임새를 가지고 있으면서 동화적인 내용을 담은 동시를 말한다. 시의 형식과 동화의 내용을 같이 지닌 이야기시인 것이다. 동화시가 '동화'와 '시'의 결합으로 만들어진 합성어인 만큼 글자 그대로 풀이하면 동화를 시처럼 만든 갈래, 뜨는 그러한 작품을 뜻한다. 한마디로 스토리가 있는 동시로, 형식적인 면에서 시적인 짜임새를 가지고 있으면서 거기에 동화적인 내용을 담은 시를 지칭하는 것이다. 그러므로 동화시는 동화보다는 동시에 더 가까운 장르라고 할 수 있다. 동화시는 시와 이야기의 두 가지 내용이 한데 어우러진 작품으로 이야기의 전개, 곧 서사의 내밀한 울림과 파장이 장편으로 이어진다는 특징이 있다.

　이재철은 『아동문학개론』에서 동화시를 "시적인 짜임새를 가지고 있으면서 거기에 동화적인 내용을 담은 시", 즉 "시의 형식과 동화의 내용을 복합한 것[1]"이라고 정의하였다. 널리 인용되고 있는 이와 같은 설명은 동화시를 이해하기 쉽게 설명하고 있다. 그러나 조금만 더 구체적으로 들여다보면 동화시의 장르 개념은 시기와 사용 주체에 따라 '동화적인 것', '시적인 것'의 강조점이 다르게 구성되어 왔다.

　실제로 창작된 작품의 유형과 특징에도 차이가 있음을 살필 수 있다. 연구자에 따라 동화시 이외에 동화요, 산문 동요, 서사 동요(시), 서사 창가, 설화 동시, 민담시, 담시, 이야기시 등의 유사 용어를 다수 사용해 왔다. 이는 동화시라는 용어가 학술적으로 사용하기에는 개념과 범주가 모호하며 창작의 다양한 실제를 포괄하기에도 불충분한 면이 적지 않기 때문이라고 볼 수 있다.

---

[1] 이재철, 『아동문학개론』, 문운사, 1967, 203~205쪽.

하지만 '동화시'라는 명칭이 가장 보편적이고, 일반적으로 널리 사용해 왔다. 따라서 서사 구조는 동화이고, 형태는 시적인 장르를 동화시라고 정의해도 좋겠다. 즉, 동화적 이야기를 품고 있는 시가 동화시인 것이다.

동화시의 시적인 요소로는 첫째 '반복과 대립의 형식'이다. 반복과 대립, 그리고 병렬은 아동들에게 리듬감을 제공한다. 또한 동화시에서 사용하는 언어는 아동들에게 쉽고 재미있는 이야기를 전달하는 데에 중요한 역할을 한다. 언어는 내용 전달의 수단인 동시에 그것을 낭독할 때 발생하는 음악성은 언어를 접하는 즐거움을 제공한다. 언어 중에 의성어와 의태어는 어린이들이 좋아하는 언어이며 지적 간섭을 받지 않는 순수한 언어이다.

동화시는 형태면에서 리듬감 있는 시와 유사해 빠르게 읽을 수 있고, 내용면에서는 동화처럼 부담이 없다. 그러므로 어린이 독자들은 동화시를 읽으면서 동화와 시에서 느끼는 재미를 한꺼번에 맛볼 수 있다. 동화시는 단어, 문장, 연의 반복과 의성어와 의태어의 사용으로 리듬감이 있어 읽기 쉽고 경쾌한 느낌을 전달한다.

2. 한국 동화시의 역사

동화시라는 용어의 불명확성은 처음 출현했던 때부터 이미 거론되고 있었다. 이학인(李學仁)[2]은 『童謠硏究(동요연구)』(1928)에서 '동화시'가 장르

---

[2] 이학인은 1903년 평안북도 태천에서 태어나 1923년경부터 1936년까지 문학활동을 이어갔는데, '우이동인(牛耳洞人)'이라는 필명을 사용했다. 그는 민요시, 동요시 운동을 펼쳤는데, 1935년에 『조선문단』을 속간하였고, 시집 『무궁화』를 출간했다. 이학인은 사이조 야소의 『現代童謠講話: 新しき童謠の作り方』와 『鸚鵡と時計(앵무와 시계)』의 서문, 노구치 우조의 『童謠作法問答(동요작법문답)』과 『雨情童謠叢書 第二編 童謠作法講話(우정동요총서 제2편 동요작법강화)』, 미키 로후의 『眞珠島(진주도)』 서문, 기타하라 하쿠슈의 『녹색 더듬이(綠の觸角: 童謠・兒童自由詩・敎育論集)』와 『잠자리의 눈동자(トンボの眼玉)』의 서문 등에서 동요와 관련된 주요 개념을 인용하였다.

용어로 부적합한 측면이 있으므로 '서사 동요'라는 말로 대체하자고 제안했다. 즉, 동요의 여러 하위 유형은 크게 보아 '서정동요'와 '서사동요' 갈래로 묶을 수 있는데, 이러한 장르 체계를 고려할 때 "서사동요를 '동화시'라 함은 불완전한 말이니 금후부터는 '서사동요'라고 쓰"는 것이 바람직하다고 주장했던 것이다.[3]

그러나 장르적 논리 체계를 근거로 한 이러한 주장은 널리 받아들여지지 않았다. 1920년대 초부터 '동화', '동화극' 등의 용어가 사용되고 있었던 만큼 '서사'라는 말보다는 '동화'라는 장르명을 내세운 '동화시'가 일반에게 더 쉽게 받아들여졌다. 또한 사이조 야소(四條八十)나 기타하라 하쿠슈(北原白秋)와 같은 일본 시인들이 이미 이 용어를 사용하여 여러 작품을 창작한 선례도 있었다.[4] 따라서 동화시라는 말 자체의 적절성을 따지기보다는 조선의 상황에서 이러한 장르명에 걸맞은 작품을 창작하는 것이 더 긴요한 일로 받아들여졌다.

1920년대의 장르 개념에서 '동화'는 대개 서구로부터 유입된 민담이나 요정담, 또는 전래되어 오던 전설, 민담, 사화, 야담 등을 어린이를 위해 재화하거나 그러한 분위기로 창작한 스토리 중심의 서사물을 가리키는

---

3) 이학인의 이 글은 일본의 사이조 야소의 『現代童謠講話(현대동요강화)』나 노구치 우조의 『童謠作法(동요작법)』의 동요론과 자신의 생각을 보태어 동요의 장르 이론을 체계화하려는 비평문으로《중외일보》에 1927년도에 연재했던 것을 보완하여 1928년도에 다시 연재한 것이다. 우이동인, 「동요연구(4)」,《중외일보》, 1928. 11. 17.

4) 남석종(南夕鍾)은 동화시를 "동화를 아이들에게 리듬을 주어서 시인이 그 스스로의 분방한 상상의 산물로서 긴 이야기를, 아니면 짧은 이야기를 동요로 만들어서" 이야기해 주는 것이라면서, 일본 동요작가 사이조 야소(四條八十)의 『琉璃の山』, 후지모리 히데오(藤森秀夫)의 『三人姬(삼인희)』를 유명한 동화시 작품으로 소개했다. 남석종은 스기하라 이사무의 『兒童詩教育の新研究(아동시교육의 신연구)』, 미키 로후의 『眞珠島(진주도)』 서문, 기타하라 하쿠슈의 『叡智と感覺(예지와 감각)』, 사이조 야소의 『現代童謠講話(현대동요강화)』, 노구치 우조의 『童謠作法問答(동요작법문답)』과 『童謠と童心藝術(동요와 동심예술)』, 시로토리 세이고의 『종달새의 둥지(雲雀の巢)』의 서문, 야나기사와 젠의 『現代の詩及詩人』 등을 참조하였다. 이학인이 「동요연구」를 쓸 때 인용한 사이조 야소의 『現代童謠講話』에도 동화시에 대한 간단한 설명과 함께 실제 사례로 사이조 야소(四條八十)의 「九人の黑んぼ」, 시마키 아카히코(島木赤彦)의 「靑い湖水」, 기타하라 하쿠슈(北原白秋)의 「あわて床屋」 등이 소개되었다.
남석종, 「조선과 아동시(6)」,《조선일보》, 1934. 5. 26.
사이죠 야소, 「現代童謠講話」, 新條社(신조사), 1924, 54~61쪽.

것이었다.⁵⁾ 어린이를 위한 '시'라고 하면 으레 정형률을 기본으로 하고 같은 모양의 절을 반복함으로써 곡조를 얹으면 노래로 만들어질 수 있는 '동요시'를 뜻하는 것으로 인식하였기 때문이다.

따로 장르명을 붙이지 않았을 뿐, 1910년대에도 이미 1920년대 동화시와 비슷한 양식의 텍스트들이 만들어지고 있었다.⁶⁾ 육당 최남선이 신문관에서 제작한 우리나라 최초의 근대 아동 정기간행물인 《붉은 져고리》 (1913. 1. 1.~1913. 6. 15.), 《아이들보이》(1913. 9.~1914. 10.), 《새별》(1913. 9.~1915. 1.) 등에 실린 7·5조, 4·4조 형식의 서사 창가들을 그 예로 들 수 있다. 최남선은 「흥부전」, 「심청전」, 「선녀와 나무꾼」, 「도깨비 방망이」 등의 이야기를 다듬어 7·5조 4행 1절 연속체로 만들고 이를 학교에서 배운 창가의 곡조에 얹어 부를 수 있도록 각색했으며, 이광수도 한문소설 『허생전』을 4·4조 4행 1절 연속체로 만들어 발표했다.⁷⁾

어린이 독자를 위하여 잘 알려진 고전 서사 텍스트를 근대의 다양한 미디어와 양식으로 변형하는 장르 융·복합적 스토리텔링 각색은 근대 아동미디어가 처음 만들어질 때부터 줄곧 실행되어 왔다. 7·5조, 4·4조의 외재적 음수율은 다양한 연원의 고전 서사들을 어린이를 위한 텍스트로 재구성하는 데 유용하게 활용할 수 있게 된 것이다.

하지만 시간이 지날수록 이와 같은 천편일률의 정형 율격의 틀은 각 이야기의 개성을 살려 서사적 흥미를 발현시키는 데에 한계를 노출했다.

---

5) 조은숙, 「일제 강점기 아동문학 서사 장르의 용어와 개념 고찰」, 『아동청소년문학연구』 4, 2009. 참조.
6) 별도의 장르명 없이 발표된 이들 텍스트들을 후대의 연구자들은 '동화시'와 구분하여 '동화요' 등의 명칭으로 분류하기도 했다. 그러나 정진헌이 적절히 지적했듯 1920년대에 동화시라는 장르명으로 발표된 텍스트들도 대부분 7·5, 4·4조의 정형률을 지니고 있었으므로 율격을 기준으로 동화시와 동화요를 따로 구분하여 명명하는 것은 실상에 부합되지 않는다.
정진헌, 앞의 글, 242쪽.
7) 1910년대 신문관 아동용 정기간행물에 수록된 서사 창가에 대해서는 다음을 참조. 정혜원, 「1910년대 아동문학 연구」, 성신여대 박사 논문, 2008, 188쪽. 조은숙, 「창가가 된 옛이야기-1910년대 신문관 아동잡지에 수록된 7·5조 서사 창가를 중심으로」, 『근대 한국의 일상생활과 미디어』, 단국대 동양학연구소 편, 민속원, 2008.

이야기의 흐름이나 문장의 통사 구조에 맞지 않게 정량적으로 절이나 행을 배분하고, 글자 수의 규격을 맞추기 위해 음절을 늘리거나 빼는 억지스러운 상황도 빈번히 나타났다. 이와 같은 문제점은 1910년대 신문관의 서사 창가들뿐만 아니라, 1920년대 동화시라는 장르명으로 생산된 텍스트들에도 마찬가지로 나타났다.

지금까지 알려진 일제 강점기에 동화시라는 장르명으로 발표된 첫 작품은 《신소년》 1926년 4월호(46~49쪽)에 발표된 정인섭의 「幸福의 꽃노래」[8]다. 이 작품은 "동화시"라는 이름으로 발표되었지만 엄밀히 따져보면 전래동화 형식의 창작동화와 동화시의 중간 형태라 할 수 있다. 운율이 7·5조로 살아 있고 연이 나뉘어 있는 점은 동화시의 형식을 갖추고 있다고 할 수 있다. 하지만 전체적인 구성이나 문장의 종결 어미가 '습니다' 일색으로 처리된 점은 동화 형식에 머무르고 있다.

> 옛날 어느곳에 아름답고 향긔로운나라가 잇섯습니다. 따쯧한 해ㅅ빗치 만물을 빗초이나니 산천초목은 새파라케 힘잇게 자라나고 사람들은 고히고히 행복스럽게 살고잇섯습니다.
>
> 그나라 임금님 꼿째밧헤서는 할아버지들이 심어둔 긔이한 곳치 나날이 아침마다 해도들째마다 한송이씩, 송이송이 피어옵니다. 임이핀 꼿송이는 질줄모르고, 마르지안코 영원히 향긔로웟습니다. 향긔로운 꼿송이가 피어올째는 『행복의꼿노래』가 들려옵니다.
>
> 니웃나라에 살고잇는 못된 악마가 향긔로운 꼿나무를 미워하여서 어엿븐 꼿송이를 다업새려고 한놈이 박쥐되니 또한놈이 그등에타고

---

8) 童話詩 색동회 鄭寅燮으로 명기되어 있다.

한밤ㅅ중에 성을넘어 들어옵니다. 돌성을넘어 쇠성을넘어 은성을넘어 임금님꼿밧헤 들어옵니다.

꼿불이 빗초이드니 악마의손ㅅ가락과 왼몸둥이는 그불에대여서 타죽엇습니다. 박쥐악마는 급히 돌아와 거룩한긔척을 전하엿습니다. 악마들은 의론하고 결심하기를
"검은구름이되여서 해ㅅ빗을 감추리라!"
하엿습니다.

검고검은 뭉턱구름이 해님을 덥헛슬째에 행복의나라는 섣달금음밤갓치 쓸쓸하고 캄캄하고 치웟습니다. 향긔롭든 꼿송이도 벌벌 썰 한송이씩 두송이씩 말러갑니다. 사람들은 슬픈 노래부르고 행복의웃음이 쓰디쓴눈물이되여 이슬갓치 봄ㅅ비갓치 나려옵니다.

×　　×　　×

엇던밤 여왕님꿈에 학한마리가 나려오드니 아름다운 구실한개를 여왕님입속에 너허주엇습니다. 몃달이못되여 여왕님은 씩씩한왕자와 어엿븐왕녀를 한거번에 나케되엿습니다. 한살두살먹으니 왕자왕녀는 더욱더욱 씩씩하고 어엿븝니다.

그러나그러나………
열살이되자마자 왕자왕녀는 슬픔울음울면서 쓴눈물을 쑤덕쑤덕 흘렷습니다. 날마다 밤마다 우는왕자는 눈물이고여서 한쪽눈알이 그만 그냥 싸져서 업서졋습니다. 밤마다 달마다우는왕녀도 눈물에저저서 검은머리가 그만그냥 흐트러져 걸레갓습니다.

싸닭모르는 쓴눈물을 말업는눈물을 싸닭알려고 님금과여왕은 왕자왕녀에게

"왕자여 왕녀여! 너 웨 우느냐? 까닭업시 쓴눈물을 흘리지말라!"
—왕자왕녀는 슬픈곡조로 한목소리로—
"아버지 어머니, 이게 웬일입닛가? 해님 달님 별님이 안보이네요. 해님 달님 별님이 잇다하는데 달님 별님 해님이 잇다하는데 아버지 어머니…… 해님 달님 별님이 보고지워요 달님 별님 해님이 그리워서요!"
가늘고 깨끗하되 슬픈노래는 왼천지를 지긋지긋 울렷습니다.

× × ×

임금과여왕은 왕자왕녀를 껴안고 구름악마죄악을 말하엿습니다. 이말을듯고 왕자왕녀는 공중에날아갈듯이 두눈을부릇쓰고 우레갓치 소리질럿습니다!

이째 한울에서 동자동녀가 용마를한마리씩 몰고나려와 한쪽눈어두운 왕자는 동녀의용마에 태우고 머리흐트러진 왕녀는 동자의용마에 태워서 두손에 번쩍이는 큰칼을들고 캄캄한공중에 뛰여오르니 두용마는 우뢰갓치 부르지젓습니다.

악마는 어느곳에 숨어잇는지 악마의그물에 걸린왕녀는 왕자의구원을 부르지젓습니다. 왕자는 장성검을 번쩍들고 횟쯕쌘쯕 휘휘홰홰 둘넛습니다.
오! 이째
악마의심장에 칼이꼽혓스니 구름악마는 짱우에 투닥싹 썰어젓습니다.

오! 이째
해님은 또다시 푸른하눌에 씃업시푸른한울에 반짝엿스니 왕자왕녀

는 깃버하면서 쏘다시 쌍우우에나려와 깃븐노래부르고-

쌍우에업더진 구름악마는 눈물을흘니며 해님을 쳐다보다가 구실한 개를(?) 피밧흔후에 두눈을 감으면서 죽엇습니다.

구실구실 그구실은 왕자의눈- 그눈눈 그한쪽 눈알이엿으니 다시차 저 꼬젓슬때에 왼천지는 쏘다시 해ㅅ빗헤 쌩긋쌩긋 웃고잇섯습니다. 송이송이 슬어지든 거룩한 쏫도 쏘다시 머리들고 긔운내면서 쏘다시 쏫밧헤서 살아나고요-

거룩한향긔가 솟아오나니 『행복의쏫노래』가 들려옵니다.

'동화시'라는 용어는 1926년 10월 26일 자 《동아일보》 3면[9]에도 등장한다. 신고송은 《동아일보》(1926. 11. 3)에 동화시 「옵바를 차저서」[10]를 발표하였다. 또 《시대일보》 1927년 5월 1일자에는 동화시 「늑대와 염소」[11](태천군 신암동인)가 게재되는데, 이는 이솝우화를 차용한 동화시이다.

동화시의 기원이 되는 작품은 육당 최남선의 동화요 「남잡이가 저잡이」[12] 라고 할 수 있다. 육당이 만든 어린이 잡지 《아이들보이》[13] 창간호에 실린 이 작품은 '동화시'라는 명칭으로 발표된 것은 아니다. 육당의 창가 중에는 옛이야기를 노래한 작품이 6편 있는데, 이를 동화요라고 한다. 동화요는 7·5조 4행을 1절로 하는 구성이며 장가의 형식을 가진 창가이다.

---

9) '文壇是非(문단시비)' 난에 「글도적놈에게」(東京 牛耳洞人)라는 글에 "글도적놈은 人肉市場의 吸血鬼보다 더-至毒한 吸血鬼다. 웨그러냐하면 글쓰는 사람이 小說 戱曲 童話詩 童謠 等을 쓸때에 全心全力으로 無名指를 끈어서 血書를 쓰는 것보다도-힘드려 쓴 作品을 紙面에 記載한 것을 作者도 안인 사람이 自己 創作品으로 自己의 일홈으로 他紙面에 記載하는 사람이 만흐니 -하략-" 나타난다.

10) 녯날도 녯날녯적 아주 녯날에/ 순이는 어머니를 일허버리고/ 무서운 계모를 마젓습니다/ 날마다 그오미는 어린순이를/ 함부로 짜리면서 못살게해요// 차듸찬 겨울날이 닷처서와서/ 풀들과 나무들은 고라젓고요/ 새들은 하나업시 숨엇습니다 -하략-

11) 녀름의엇든날 늑대한머리는 샘으로 물먹으려 나려갓가요 어린염쇼 한머리를 만낫습니다 늑대놈은 염쇼를 당장 먹고십헛스나 정직 면대하고 보닛가요 아모 트집업신 어린염쇼를 참아도 죽일수 업섯습니다 -하략-

3. 동화극과 동요극

　방정환, 정순철, 윤극영 등과 함께 색동회 동인으로 활동한 정인섭[14]은 동극 운동을 펼쳤다. 그의 동화는 창작 작품도 있지만, 전래동화를 현대적으로 재구성한 작품이 많았다. 「해와 달」, 「범과 산토끼」, 「샌님과 호랑이」, 「빈대 환갑잔치」, 「삼형제」, 「효자범 홍도령」 등이다. 정인섭은 우리에게 널리 알려진 옛이야기를 차용해 와 전래동화의 짜임과 묘미를 잘 살려냈다. 이는 한국의 설화를 채집하는 과정에서 얻은 결과물이며, 전래동화 발굴 운동의 일환으로 여겨진다.

---

12) 구차코 어진 형이 아우 있으되/ 형세는 부자언만 마음이 도척/ 지내다 못 하여서 아우에게로/ 도와 달라 갔다가 괄시만 담뿍.// 기막혀, 오는 길에 발에 걸리어/ 보자 하나 집으니 금덩어리라./ 뉘 것인지 모르되 잃은 사람야/ 오죽 애쓰랴 하고 기다리더니,// 과연 한 늙은이가 바삐 걸어와/ 허둥허둥 무엇을 찾는 꼴이라./ 자세히 물어보니 분명 금 임자./ "내가 주웠소." 하고 내어 놓으매,// "이런 고마울 데가 어딨소." 하고/ 반을 떼어 주면서 사례하거늘/ "가난하긴 하오만 턱없는 재물/ 받을까 보오." 하고 도로 내노니,// 늙은이가 어쩐지 허허 웃으며/ "세상에도 어진이 이제 보겠소./ 바르고도 옳고도 깨끗하시오./ 하도 기특하시니 한 말씀 있소.// 그대 집안 가난은 다름아니라/ 집에 가난이 귀신 둔 까닭이니/ 돌아가 이리 이리 방법을 쓰면/ 고대 큰 수가 터져 가리다." 하네.// 기쁨을 못 이기어 바삐 돌아와/ 우당우당 짐 싸고 집을 버리고/ 나는 영영 간다고 나서노라니/ 이상타 어디선지 저 울음 소리.// 놀라서 "네가 도시 무어냐?" 하니/ 당신 따라다니는 가난이오니/ 부디 같이 가야지 하오." 함으로/ "그렇던가 그러면 이 병에 들게/ 데려다 주고말고 그럼세." 하매/ 곧이듣고 속으로 얼른 들거늘/ 단단히 마개하여 땅에 파묻고/ 부지런히 구러서 부자되니라.// 아우가 형의 잘된 소문을 듣고/ 시샘을 못 이겨서 찾아와 보고/ 부자되던 내력을 캐어물으니/ 어진 형이 이르네 실상으로다.// 듣기를 다하고서 옳거니, 하고/ 가난이 묻은 데로 곧장 달려와/ 파내어서 이르되 "우리 언니가/ 넉넉하게 지내니 가보라." 하매// 그 귀신 하는 말이 "나는 싫어요/ 당신같이 다정한 이를 버리고/ 그렇게 인정 없이 구는 이게를/ 무엇하러 두 번씩 가겠소." 하며// 인하여 그 아우를 뒤따라 와서/ 잠시간에 재물을 없애게 하여/ 가난히 비령방이 만들어놓고/ 끝끝내 떨어지지 않했다더라.// 남을 물에 넣으려면 저부터 드니/ 저를 아끼면 어찌 남을 다칠까?/ 금잡이가 저잡이 되는 보람을/ 적은 이 이야기가 밝혀 보이네.// - 「남잡이가 저잡이」 전문.

13) 1913년 9월에 창간되어 1914년 8월 통권 12호로 폐간되었다.

14) 정인섭(鄭寅燮, 1905~1983) 호는 눈솔·설송·화장산인. 경남 울주에서 태어났다. 1922년 와세다대학(早稻田大學) 제1 고등학원을 다닐 때 윤극영·방정환·마해송 등과 함께 '색동회' 발기인으로 참여했고, 《어린이》에 동시를 발표했다. 1926년 와세다대학 영문과에 다니면서 김진섭·이하윤 등과 함께 '해외문학연구회'를 조직해 이듬해 1월 기관지 《해외문학》을 창간했다. 1929년 졸업 후 귀국하여 1929~46년 연희전문학교 교수를 지내며 1931년 극예술연구회 동인으로 신극운동에 참여했다. 한글학회 회원, 한국민속학회 회원, 한국음성학회 발기인, 제4회 국제언어학자대회 한국대표 등으로 활동했다. 1946년 중앙대학교 교수를 지냈고, 1950~53년 런던대학교에서 영문학을 공부했다. 1953~56년 일본 덴리대학(天理大學) 교수 및 교토대학(京都大學) 강사를 지냈다. 1954년 국제 펜클럽 한국본부 발기인으로 참여했고, 1956년 서울대학교 교수로 있으면서 국제 펜클럽 한국본부 위원장을 지냈고, 1957~64년 중앙대 대학원장 및 문리대 학장 서리 등을 역임했다. 1966년 국제연극협회 한국본부 위원장, 1968년 한국외국어대학교 교수 및 대학원장, 1970년 국제 펜클럽 아시아 문학번역극 초대 회장 등을 지냈다. 1927년 한국 전래의 설화와 동화를 일본어로 번역한 『온돌야화 溫突夜話』를 단행본으로 펴냈다.

그는 국내외의 설화나 동화를 번안하여 작품화하는 작업을 했다. 「행복한 나라와 금능금」, 「희랍의 오디셔스 임금」, 「머더·구우스의 선물」, 「사람 늑대」 등이다. 그런데 정인섭은 동화의 마지막 부분에 자신이 어린이에게 당부하고 싶은 교훈적인 말을 꼭 넣었다.

"아무리 좋은 상을 받는다 하더라도 옳지 못한 일을 하지 않는 것이 좋겠지요."

"이와 같이 나쁜 버릇은 고칠 수도 있답니다."

인용문에서 알 수 있듯이 그에게 동화는 어린이들에게 교훈과 계몽을 주기 위한 수단으로 여겼다. 이것은 동화극에서도 그대로 적용되었다. 1910년대에 가장 빈번히 소개되었던 번안동화 중 하나가 바로 그림형제 동화이다. 그림형제 동화는 일제 강점기 조선의 현실성이나 당대 시대가 요구하는 교훈적인 주제를 전달하기는 어려운 작품이었던 것이다.

정인섭은 1932년 경성보육학교 녹양회와 조선아동예술연구협회를 통해서 아동극 공연을 지도하였다. 그의 작품 중에서 계몽과 교훈, 교육을 강조하는 아동극이 22편으로 가장 많다. 정인섭의 아동극은 한국 아동극사에서 중요한 의미를 가지고 있다. 아동극 형성기에 아동극이 정착될 수 있는 계기를 마련하였기 때문이다. 이전의 아동극이 옛이야기와 우화의 내용을 전달하고 주제를 강조하는 '읽는 희곡'으로서의 성격이 강하였다면, 정인섭의 아동극은 새로운 이야기와 춤과 노래를 통해 아동의 흥미를 이끌어낼 뿐만 아니라 아동의 '극적 유희'를 강조하는 희곡이었다.

아동극에는 동화를 각색한 동화극과 동시가 포함된 동요극 중에서 그는 동요극에 관심을 많이 가졌다. 동화극은 대사 위주로 동화의 상상력, 공상성을 중시한다. 1926년 《어린이》 1월호와 2월호에 정인섭이 연재한 「백설 공주」는 그의 첫 동화극 작품이었다. 독일의 그림형제가 전래 설화를 동화로 개작한 것을 정인섭은 동화극 극본을 만들었다. 당시 여러 학교에서 이 극본으로 공연을 하였다. 정인섭의 창작 동화극은 《어린이》 창간 3주년 기념호인 1926년 3월호(제4권 제3호)에 실린 「솔나무」이다. 이 동극에는 노래가 6편 나와 동화와 동요가 결합한 첫 작품으로 그의 첫 동요극이기도 하다.

1926년 7월 18일 언양공보 대강당에서 제1회 언양시민강화회가 열렸다. '여름철의 위생과 일상생활'이란 주제 강연이 있었다. 언양소년소녀단체에서는 정인섭의 귀국을 맞아 《어린이》 5월호(어린이날 기념호)에 게재된 정인섭의 「백로(白鷺)의 죽음(死)」 동화극을 공연하였다.

정몽주의 모친이 지은 시조 "까마귀 싸우는 곳에 백로야 가지 마라"를 각색한 것이다. 까마귀와 까마귀가 감을 두고 서로 먹으려고 싸우는 데에 백로가 나타난다. 독이 있는 감이었다. 욕심 많은 까마귀는 감을 혼자 먹고 죽었다. 그 감을 얻어먹는 백로도 역시 죽었다. 백로는 죽으면서 흑로가 되었다는 이야기이다. 정몽주는 정인섭이 살았던 언양 어음리인 '요도(蓼島)'에 유배되어 온 적이 있었다.

정인섭은 1926년 1월 《어린이》에 동화극 「백설 공주」를 발표한 이후, 1~2년 정도 집중적으로 아동극을 창작하였다. 중요한 것은 정인섭의 아동극이 1920년대 《어린이》 아동극의 경향을 대표하였으며 《어린이》의 동화극을 이해할 수 있는 중요한 좌표라는 것이다. 정인섭은 1920년대 유일한 아동극작가였다. 그는 '예술 교육과 인간성 교육'으로서의 아동극을 중시했다. 하지만 《어린이》가 계급주의 성향을 보이던 시절에는 아동극을 거의 발표하지 않았다.

정인섭이 발표한 아동극에는 「잠자는 미인」, 「어머니의 선물」, 「여호(여우)의 목숨」, 「쳉기통(쓰레기통)」, 「바보 성공」, 「욕심 많은 마이다스 왕」, 「마음의 안경」, 「파종」, 「허수아비」, 「사람늑대」, 「오뚜기」, 「맹꽁이」, 「금강산」, 「정직한 나무꾼」, 「햇님과 참바람」 등이 있다. 이 중에서 동요극은 「소나무」, 「허수아비」, 「오뚜기」, 「백로의 죽음」, 「맹꽁이」, 「어머니의 선물」, 「금강산」 등이다. 동화를 무대화하고 춤과 노래를 활용하는 방식이 바로 동요극이다.

이 동요극이 그가 추구한 아동극이었다. 그는 동화와 시조를 극화할 때, 춤과 노래를 활용하여 아동에게 흥미를 주었다. 또 그들이 쉽게 할 수 있도록 하여 어린이 독자라면 누구나 아동극을 공연할 수 있게 하였다.

정인섭은 1926년 8월 《조선일보》에 「예술 교육과 아동극(兒童劇)의 효과」를 8회 연재하였다. 정인섭은 예술 교육의 완성은 정서·교육을 주로 삼아야 한다고 보았다. 아동극이야말로 예술 교육의 최고 형식이요, 인간성 교육에서는 가장 근본적 가치를 지닌다고 주장했다. 동화가 아이들의 꿈나라라 하면 예술적 아동극은 그 꿈나라의 현실화요 체험의 왕국이라고 하였다.

즉, 예술적 아동극이란 동화의 현실화요 체험의 왕국으로, 동화를 현실화하는 방법은 동화를 무대화하는 것이고, 그 과정에서 춤과 노래는 아동의 체험을 담당하게 된다는 것이다. 춤과 노래를 활용하고 예술과 인성교육을 중요시한 정인섭 아동극은 "한국 근대 아동극 형성기에서 중요한 역할을 하였을 뿐만 아니라 한국 동화극의 핵심 좌표이다." "교육의 최후 목적은 이 아동의 예술 본능에서 우러나오는 반응적 창조에 실현" 되는 것으로 보았다. 정인섭은 1929년 《어린이》 송년호 부록에 '어린이 세상'에 「동극 잘 쓰는 법」을 발표하였다.

1928년 소년운동의 방향 전환론이 전개된 이후에 일제 강점기 조선 아동의 현실을 외면하지 말자는 목소리가 분출되었다. 일제 치하 조선의 암울한 현실에서는 마녀와 요정의 마법, 왕자와 공주의 모험담이 점차 힘을 잃게 되었다. 어린이와 소년이 구분되어야 한다는 주장도 나왔다. 그러자 점차 정인섭의 입지가 좁아졌다. 1930년대 프롤레타리아 계급문화에 대한 정인섭은 비판적 입장이었다.

4. 일제 강점기의 동화시

우리나라 최초의 창작 동화시는 정인섭의 「행복의 쫏노래」라 할 수 있다. 이어서 1920년대 후반에 신고송,[15] 김영희,[16] 지수룡, 김석연, 이동찬, 송완순,[17] 김계담, 곽복산, 이구월 등이 1930년대 이후에는 이경노, 윤석중, 이동우, 김태오,[18] 박영종, 노양근,[19] 임인수, 이종성 등이 동화시라는 장르명을 사용하여 작품을 발표했다.

신고송의 동화시 「옵바를 차자서」가 1926년 11월 3일자 《동아일보》에 게재되었다.

> 옛날도 아주옛적 아주옛날에/ 순이는 어머니를 일허버리고/
> 무서운 계모를 맞었습니다/ 날마다 그어미는 어린순이를/
> 함부로 때리면서 못살게 해요. (이하 생략)

---

15) 신고송(申鼓頌, 1907~ ?) 필명은 孤松, 동시인·희곡작가, 경남 언양 출생. 1920년대 언양조기회를 조직하는 등 소년운동을 하였다. 1930년대 《어린이》, 《신소년》에 아동문학작품을 발표하면서 카프에 가담, 해방후 조선프롤레타리아 예술동맹 중앙집행위원 및 희곡부 위원으로 활동하다가 북조선 문학예술동맹의 결성에 참여하여 월북. 가장 적극적인 프로문학가주의 한 사람으로 작품은 사회주의 계급의식을 부식시키기 위한 행동적 선동적인 색채를 띄고 있다. 평론으로 「동심의 계급성」(1930, 중외일보), 「아동문학부흥론」(1931, 중앙일보) 등이 있다.

16) 김영희(金英熹, ?~ ?)는 지금의 대구광역시 달성군 현풍읍에서 태어났다. 대구고보(大邱高普, 현 경북고)를 다녔고, 일본 고베(神戶)에서도 작품을 발표하였다. 그는 1927년부터 1930년 사이에 《중외일보》와, 《매일신보》, 《동아일보》, 《조선일보》 등 일간지와 당시 카프 계열 아동문학 잡지인 《신소년》, 《별나라》 등에 동요와 잡문 등을 발표하였다. 그가 가장 일찍 발표한 동요는 「병아리」(중외일보, 1927. 2. 24)이다. 이후 「눈 온 날의 닭」, 「봄이 오면」, 「물새」, 「저녁종」, 「하얀 모자」 등을 발표하였다. 《신소년》에는 주로 서한문이나 담화란에 다른 소년 문사의 작품을 비평하는 내용의 글을 발표하였다. 1927년에 산양화·김석연(金石淵) 등의 이름으로 동요를 집중적으로 발표하였다. 동화시 「룡왕국에 간 복동이」(중외일보, 1927. 6. 12)와 「달님의 어사」(중외일보, 1927. 7. 31.~1927. 8. 1), 「사냥꾼」(중외일보, 1927. 8. 21.~1927. 8. 28), 「괴수나무」(중외일보, 1927. 11. 1)를 발표하였다. 1929년《조선일보》(1929. 2. 13.~1929. 3. 3)에 평론 「동화의 기원과 심리학적 연구」(전11회)를 발표하였다.

17) 송완순(宋完淳, 1907~ ?) : 아동문학평론가, 충남 대덕 출생. 1927년부터 카프에 참가하여 아동문학운동을 전개함. 해방 후 정청산과 더불어 조선프롤레타리아 예술동맹 중앙집행위원 및 아동문학부 위원 조선문학가동맹, 아동문학부 맹원을 거쳐 6·25 때 월북. 계급주의 아동문학 이론가를 대표하기도 함. 평론 「동요론 잡고」, 「조선 아동문학 시론」, 「아동문학의 천사주의」가 있다.

계모로부터 구박을 받으며 집에서 쫓겨나간 주인공 순이가 정대룡이라는 신이(神異)한 인물을 만나 계모의 천대와 모략을 이겨내고 행복을 찾게 된다는 이야기이다. 이것은 옛이야기에 리듬을 맞춘 것으로, 동화를 리듬감 있게 7·5조로 표현한 실험적 작품이었다.

이 작품은 동요와 동화를 합한 '동화시'라는 장르의 명칭을 신문에 처음 썼다. 율조에 따른 리듬을 가미하여 동화구연이 가능한 것이었다. 신고송이 언양소년회에서 했던 가극이 동화시 형태로 변화 발전한 것으로

---

18) 김태오(金泰午, 1903~1976) : 호는 설강(雪岡)·정영(靜影). 광주(光州) 출생. 니혼대학(日本大學) 법문학과를 졸업하였고, 경성보육학교(京城保育學校) 교원, 중앙대학교 교수·교학처장·학장·부총장 등을 역임하였다. 《아이생활》의 주요 필진으로서 1926년부터 문필 생활을 시작하였다. 1927년 한정동(韓晶東)·정지용(鄭芝溶)·윤극영(尹克榮) 등과 함께 조선동요연구협회를 결성하여 적극적인 동요 운동을 전개하였다. 광복 후에는 심리학자로서, 교육자로서 학계에 종사하였다. 1927년 《동광(東光)》에 동화 「실 뽑는 색시」(1927. 2)와 동요 「나물캐기」(1927. 3)를 발표하였고, 1931년 《아이생활》에 「해변의 소녀」, 「가을 추수」 등의 동요를 발표하였다. 시로는 「새벽」(1931), 「소리소리 무슨 소리」(1934), 「가을하늘 휘파람」(1934), 「중조(中鳥)」(1935), 「백마강(白馬江)」(1954) 등이 있다. 그 외 주요 평론으로 1932년 《아이생활》에 발표한 「현대동요연구」가 있는데, 이 논문은 서구의 이론을 우리의 체질에 알맞게 흡수시켜 조직적이고 체계 있는 논리를 전개시킨 것이 특징이다. 그의 시는 자연 정경과 향토를 소박하게 읊은 것이 대부분이고, 특히 아동문학 분야에서 동요·동화·평론 등을 발표하여 아동문학비평 분야에 공헌하였다. 저서로는 『민족심리학』(1956), 『미학개론』(1956), 『심리학』(1956), 시집 『초원』(1939), 『설강동요집』(1933), 역서 『데히트 서양철학사』(1966) 등이 있다.

19) 노양근(盧良根, 1900~ ?) : 본명 외에 노천아(盧川兒)·양아(良兒)·철연이 등의 여러 필명을 사용했다. 황해도 금천군에서 태어나 개성의 송도고보를 졸업했다. 그 뒤에 금천, 개성, 철원 등지의 보통학교에서 교원으로 재직하며 와세다 대학의 통신 강의를 수강했다. 식민지 말기에 그는 하라다(原田)로 성을 바꾸고, 1940년 6월 친일 단체 동심원이 주최한 동요동화대회에 출연해 이름을 더럽혔다. 그는 1925년 3월 《동아일보》에 시 「거짓 말슴」이 선외작으로 뽑히 것을 시작으로, 여러 신문사의 현상 문예에 당선되었다. 그리고 1930년 1월 《중외일보》 신춘문예에 말의 전설 부문에 「의마」를 응모해 당선되었다. 이어서 1931년 《동아일보》 신춘문예에 동요 「단풍」이 가작으로 뽑혔고, 동화 「의좋은 동무」가 2등으로 당선되었다. 또 1934년 《동아일보》 신춘문예에 동화 「눈 오는 날」은 가작으로 선정되었으며, 1935년 같은 신문의 신춘문예에 동화 「참새와 구렝이」가 선외 가작으로 뽑혔다. 이 해에 《동아일보》에서 주최한 가요 공모전에 「조선 학생의 노래」가 당선되었으나, 가사 내용이 문제되어 교직에서 퇴출되어 금강산 등을 여행했다. 1936년 《동아일보》 신춘문예에 동화 「날아다니는 사람」을 응모해 당선되었고, 1937년에는 《매일신보》의 신년 현상문예에 동요 「학교길」을 응모해 병에 당선되었다. 노양근은 근대 아동문학사에 필히 점검되어야 할 작가로 거론된다. 이 시기는 아동문단이 제도화되어 가던 중이었으므로, 그의 문학 활동은 아동문학의 장르 형성 과정을 살피기에 알맞다. 지금 구해 볼 수 있는 그의 작품집은 두 권이다. 1939년에 출판된 동화집 『날아다니는 사람』(조선기념도서출판관)은 "동화의 본질적 사명인 문학적 가치와 종속적 사명인 교육적 가치가 상반(相伴)되어 있어 아동은 물론, 어른이라 하더라도 일독할 만한 가치가 있다."(김태오)고 추천되었다. 이 작품집에 수록된 20여 편의 동화는 도처에 마련한 웃음 덕분에 상당한 재미성을 담보한다. 그 반면에 강한 교화성을 작품의 근저에 장치하고 있어 흠결로 지적된다. 장편 소년소설 『열세 동무』(한성도서, 1940)는 노양근의 이름을 문단에 알린 대표작이다. 이 소설집은 "현실이 요구하는 가장 지도적 농촌 인물로서 우리는 춘원의 『흙』 속에서 허숭을 발견했고, 이제 다시 『열세 동무』의 주인공 시환을 얻었다."(박흥민)고 평가받았다. 이 작품은 한국 아동문단에 본격적인 장편소설의 시대를 열었다는 점에도 의의가 있다.

보인다. 동화와 동요가 결합하여, 발전적으로 노래와 춤을 합한 아동극으로 훗날 더 발전되는 하나의 계기가 된 작품으로 여겨진다.

지금까지 파악된 '동화시'라는 장르명으로 발표한 일제 강점기의 작품은 총 32편 정도가 확인되며,[20] 이 중 윤석중의 작품이 5편으로 가장 많은 비중을 차지한다.

[표 1] 일제 강점기 동화시 목록[21]

번호	발표 날짜	제목	지은이	발표 지면	음수율
1	1926.04.01.	행복의 꼿노래	정인섭	신소년	-
2	1926.11.03.	옵바를 차저서	신고송	동아일보	7·5
3	1927.05.01.	늑대와 염소	태주군 신암동인	매일신보	-
4	1927.05.22.	이상한 구슬	김영희	중외일보	7·5
5	1927.06.12.	룡왕국에 간 복동이	김영희	중외일보	7·5
6	1927.06.17.	별나라	지수룡	중외일보	7·5
7	1927.06.20. 1927.06.21. 1927.06.22.	불행 중 다행(*연재)	김영희	중외일보	7·5
8	1927.08.15.	늙은이의 죽엄	월리학인(月裡學人)	중외일보	4·4
9	1927.08.21. 1927.08.25. 1927.08.26. 1927.08.27. 1927.08.28.	사냥꾼(*연재)	김영희	중외일보	4·4
10	1927.11.03.	괴수나무	김석연(김영희)	중외일보	7·5

---

20) [표 1]의 동화시 목록은 현재 확인 가능한 텍스트만을 정리한 것으로서 추후 자료가 발굴되면 작품 편수가 더 증가할 가능성이 있다. 예를 들어 이학인은 1927년 3월에 「동요연구」라는 비평문을 연재하면서 "동화로서의 동요"의 예로 신재향의 「정직한 나무꾼」을 "'이솝'의 동화에서 취하야 조선 전래의 이야기로 고친" 것이라고 소개하면서 전문을 인용했다. 정확한 원출처를 확인하지 못해 [표 1]의 목록에는 포함시키지 않았으나, 이 작품까지 포함하면 현재까지 일제 강점기의 동화시는 총 33편이 확인된 셈이다.

21) 이 목록은 정진헌이 『한국 근대 아동문학 장르 인식』(역락, 2022)에 수록된 「일제 강점기 동화시 작품 현황」을 보완하여 작성하였다. 정진헌의 목록에는 총 25편이 소개되었는데, 여기에 신암동인의 「늑대와 염소」, 지수룡의 「별나라」, 김영희의 「불행 중 다행」, 월리학인의 「늙은이의 죽엄」, 박영종(박목월)의 「그림자 시계」, 김태오의 「제비의 이야기」 등 6편을 새로 추가하였다. 윤석중의 동화시처럼 신문이나 잡지에 먼저 발표된 후 작품집에 수록된 경우에는 중복을 피하기 위해 처음 발표된 출처만 목록에 넣었다.

11	1927.12.11. 1927.12.12. 1927.12.14.	세 개의 상자(*연재)	이동찬	중외일보	7·5
12	1928.02.09. 1928.02.10.	영애의 죽음	송완순	중외일보	7·5
13	1928.03.17. 1928.03.18. 1928.03.20.	맘씨 좋은 신복(*연재)	고산 이동찬	중외일보	7·5
14	1928.3.30	쌕쑥새 울거든	김계담	중외일보	7·5 4·4
15	1928.04.27. 1928.04.28. 1928.04.29. 1928.04.30 1928.05.01.	동모를 싸러(*연재)	박두언	중외일보	6·6
16	1928.07.08.	쌜간 조희	곽복산	중외일보	7·5 4·4
17	1928.07.15. 1928.07.18.	늑대와 어린양	이구월	중외일보	4·4
18	1930.05.20.	흑뿌리 이야기	이경노	어린이	7·5
19	1932.11.01.	옥수수 하모니카	윤석중	동아일보	–
20	1932.11.01.	도깨비 열두 형제	윤석중	동광	–
21	1932.11.05.	오줌싸개 시간표	윤석중	동아일보	–
22	1933.03.01.	애보는 법	이동우	신소년	–
23	1933.04.25.	빈대떡 한조각	윤석중	잃어버린 댕기	–
24	1933.04.25.	짝제기 신발	윤석중	잃어버린 댕기	–
25	1933.05.18.	눈서방과 고드름 각시	김태오	설강동요집	7·5
26	1933.05.18.	고아의 승천	김태오	설강동요집	–
27	1934.04.28.	무쪽싸움	이동우	신소년	–
28	1934.11.26.	그림자 시계	박영종	조선중앙일보	–
29	1938.03.01.	제비의 이야기	김태오	아이생활	–
30	1940.07.14.	갑동이와 빨간 연필	노양근	동아일보	–
31	1943.02.01.	별 이야기	임인수	아이생활	–
32	1943.11.01.	산 밑에 집	이종성	아이생활	–

[표 1]에서 볼 수 있는 것처럼 1930년대 초에 발표된 윤석중의 동화시를 기준으로 이전과 이후 동화시의 내용과 형식에 큰 변화가 나타났다. 1920년대까지의 동화시들은 대부분 동서양의 옛이야기를 재화(再話)하여 7·5조나 4·4조의 음수율에 맞추어 율문화한 것이 특징이었다.

동화시를 "시적인 짜임새를 가지고 있으면서 동화적인 내용을 담은 시"라고 정의한다면, 윤석중의 동화시가 발표되기 이전 1920년대 동화시에서 '시적인 짜임새'란 곧 7·5조, 4·4조의 음수율의 틀을 뜻하는 것으로, '동화적인 내용'은 대개 잘 알려진 동서양의 우화나 설화들을 재화한 것을 가리키는 것으로 이해되고 있었음을 알 수 있다.

5. 윤석중의 동화시

이와 같은 동화시 창작 관행에 획기적인 전환을 가져온 것이 윤석중의 동화시들이다. 윤석중이 동화시를 집중적으로 발표했던 1930년대 초는 '동요·동시의 내용·형식 논쟁'이 벌어지던 때였다. 기존 동요의 정형적 틀과 기계적인 음수율의 적용이 어린이를 포함한 작가들의 자유로운 창작을 가로막는 주범이 된다는 주장이 제기되었다.

그뿐만 아니라 감상적, 애상적인 정조에 치우친 내용들이 어린이들의 계급적 현실을 담아내지 못하고 새로운 감흥을 불러일으키지 못하는 한계가 있음이 여러 측면에서 지적되었다. 즉, 그때까지의 동요 운동의 한계를 지적하며 소년문예운동의 방향 전환이 논의되었으며, 이러한 과정에서 동요·동시의 기준 및 장르 분리 여부, 계급주의에 의한 동심의 재구성 문제 등이 쟁점으로 떠오르고 있었다.[22]

이러한 상황에서 시적인 형식에 이야기를 함축하는 '동화시'의 양식적 활용 가능성이 포착되었다는 점은 주목할 만하다. 계급주의 아동문학가

김우철은, 동화가 전 연령의 아동에게 "감정의 비타민"을 줄 수 있는 장르임에도 불구하고 오랫동안 부르주아 작가들이 주물러 온 탓에 그 본질적인 임무가 더럽혀져 비현실적, 공상적 내용을 표현하는 케케묵은 양식으로 변화했다고 비판하면서, 봉건사상의 잔재와 부르주아 생활의 탁류를 걷어내고 "진정한 프로동화"를 수립해야 한다고 주장했다. 그는 이러한 문제를 해결할 방편으로 6가지 대안을 제시했는데, 마지막 여섯 번째가 "동화시 양식을 새로이 발전시킬 것"이었다.[23]

윤석중의 동화시는 바로 이러한 시점에 발표되었다. 윤석중이 첫 번째 창작집 『윤석중 동요집』(1932)을 낸 직후 곧바로 동시집 『잃어버린 댕기』(1933)를 준비하면서 동화시의 장르적 가능성을 실험했던 것, 동화시에 기존의 옛이야기를 활용하는 것이 아니라 어린이의 심리와 현실의 문제를 포착한 새로운 이야기를 창작하여 담은 것은 이상과 같은 당대 문학사적 요청에 신속하고 민감하게 응답한 것이라고 볼 수 있다.

즉, 윤석중의 동화시 창작은 이야기의 도입을 통해 시적 형식의 자유로움을 극한으로 실험하는 한편, 현실을 수용할 수 있는 시의 용량을 한껏 늘리기 위한 적극적인 실험과 도전이었다고 볼 수 있다.

「고기차간 솔개」는 발에 맞지 않는 낡은 신발을 신은 탓에 곤경에 처하게 되는 상황은 이보다 앞서 발표되었다. 이 작품은 1928년 11월 8일에 《중외일보》에 처음 발표되었는데, 이듬해인 1929년 12월에는 「굽떠러진 나막신」으로 제목이 바뀌어 잡지 《어린이》에 윤극영이 작곡한 악보와 함께 소개되었다.

다음 해 1930년 2월 27일에는 다시 「고기차간 솔개」라는 제목으로 《조

---

22) 1930년대 동요·동시의 내용·형식 논쟁에 대해서는 다음을 참조. 심명숙, 「한국 근대 아동문학론 연구」, 인하대학교 석사학위 논문, 2002, 41~50쪽. 류덕제, 『한국 현실주의 아동문학 연구』, 청동거울, 2017, 104~109쪽.

23) 김우철, 「동화와 아동문학-동화의 지위 및 역할(하)」, 조선중앙일보, 1933.7.7.

선일보》에 재발표되었으며, 1932년에는 『윤석중 동요집』에 수록되었다. 윤석중의 「고기차간 솔개」에도 식모살이하는 어린 소녀가 낡은 신발을 신고 심부름을 하다가 심부름을 제대로 못하게 되어 주인에게 야단맞을까 무서워하는 사연이 들어 있다.[24]

> 一.
> 안댁에서 사오라신 **써개꾸미**를
> 길에오다 솔개에게 **뺏**겻습니다.
> 굽떠러진 나막신신고 또랑을넘다
> 덩어리째 솔개에게 뺏겻습니다.
> 二.
> 맨손으론 못가못가 무서워서요
> 마님이 무서워서 못간답니다.
> 심술팩이 되련님 딱정떼마님
> 나는나는 못가요 참말못가요.
>
> 三.
> 공장앞에 우두커니 나혼자서서
> 오빠오빠 나오기만 기다릴때에,

---

[24] 이 작품은 발표되었을 당시 현실성 여부 문제로 평단에서 뜨거운 논쟁의 대상이 되기도 했다. 1930년 새해 벽두에 신고송은 「새해의 동요운동」이라는 평문에서 당시의 동요 작단을 전체적으로 비판하면서도 윤석중에 대해서만은 "그 수법이나 그 취재에 있어서 가장 새로은 것을 시험하였으며, 그리고 그것이 하나없이 다 성공하였다"고 고평하였다(신고송, 「새해의 동요운동(1)」, 조선일보, 1930.1.1.). 그런데 송완순은 신고송이 윤석중을 특별히 높게 평가한 것에 반론을 펴며 윤석중의 동요는 표현 수법이 참신하고 취재가 기발한 면이 없지 않지만 현실에서는 도저히 있을 수 없는 모순된 상상과 초현실적인 면이 많다면서 그 예로 「굽떠러진 나막신」을 들었다. 솔개가 사람에게 덤벼 고기를 빼앗는다는 것은 고대 동화에서나 볼 수 있는 것이지 현실에서는 벌어질 수 없는 일이라는 것이다(구봉산인, 「비판자를 비판(6)」, 조선일보, 1930.2.26.). 이에 신고송은 윤석중의 「굽떠러진 나막신」에는 부엌데기의 현실에 입각한 공상이 있으며 솔개가 고기를 채가는 것은 서울에서도 일어날 수 있는 사실에 가까운 것이라면서 송완순의 비판을 재반박하였다(신고송, 「공정한 비판을 바란다(2)」, 조선일보, 1930.4.1.).

까마귀는 울고울고 날은저물고
반짝반짝 초저녁별이 나왓습니다.

— 윤석중, 「고기차간 솔개」, 『윤석중 동요집』, 1932.

본격적인 동화시는 석동 윤석중이 1930년대에 처음으로 시도하였다. 석동이 첫선을 보인 「오줌싸개 시간표」[25]는 1932년 11월 5일자 《동아일보》에 처음 발표되었다. 이 동화시에는 이미 사라진 우리의 풍습이 담겨 있다. 잠자리에서 오줌 싼 아이에게 "키 쓰구 소금 받어 오라구 소릴 꽥 지르"는 대목이 그것이다.

할머니 담뱃불이 날라와
내가 맨든 소솝노리 초가집에 불을 노핫습니다.
후, 후, 입을 대구 불어두 안 써집니다.
조갑지에 물을 퍼다 씨언저두 자꾸 탑니다.
게다 게다 오줌을 쌀겻지오.
아, 그랫더니 담방 써지겟나요……
으응 그런데 이게, 왼일이야. 물에가 이불을 쓰구드러 누었네.
어렵사오, 이제보니깐 불쓰는 꿈을 꾸다가 오줌을 쌌세요.
누가 여폐서, 냉큼 이러나 키쓰구, 소금 바다오라구, 소릴 꽥 지르길 래, 눈을 써보니까 어유 엄마야…….
"헌옷을 죄 쌜앗스니 뭘입누 이거라두 둘러!"
그러면서 행주치마를 벗어 주겟지오.
"아이 실허, 내, 왜, 여펜넨가, 그걸 입게."

---

[25] 이 시는 여섯 살 오줌 싼 아이가 들려주는 경험담이지만, 그 안에는 점점 잊혀 가는 정겨운 우리말과 정서와 문화가 풍부하게 담겨 있다. 할아버지, 할머니와 손녀·손자를 이어 주고 세월의 벽, 세대 간의 벽을 허물어 주는 귀한 자산이 되고 있다.

도루 내던젓지오.

그랫더니 이번엔, 장틈에서 아빠 입던 헌바지를 끄내 오겟나요. 어유 어찌 큰지, 얼굴꺼정들어가요.

마루에서 와자직걸 야단이길래, 귀를 기울이고 가만히 들어봣지오.

"아, 글세, 여섯 살이나 먹은 놈이 오줌을 싸?"

– 이 건, 할머니 목소리구요,

"고단해 싼게죠."

– 이 건 아빠 목소리구요.

"반찬을 짜게 먹구, 물을 드리키더니."

– 이 건 엄마 목소리구요,

"아냐요. 내가 말라구 그래도 자꾸만, 불 작난을 하더니 그래 쌋지 머."

– 이 건 누나 목소리야요.

"아냐. 다, 아냐. 할머니 째문에 쌋서. 할머니, 담배ㅅ불이 내……."

"듯기 실허! 오줌 싼 녀석이 큰 소린……."

"아냐. 큰 소리 아냐. 들어바. 저 거시기니……."

"아유 글세 듯기 실허!"

"……."

"그런데 쟤가 어짓밤에 오줌을 누구 잣던가?"

"아이그 참, 안누엇어……."

"오– 그래 쌋구군면. 어른들이 좀, 정신을 차려 뉘여야지……."

이런 소리들만 하구, 내 이애긴 영 듯지들을 안하요.

그날 밤,

누나가 동정 바침 하는 종이를 잘라 오더니 버선 본 그리는 몽당 연필루,

쇠불랑 쇠불랑, 게다 무얼 쓰겟지오. 써선 나 자는 머리맡 벽에다 부처노켓지오.

"그게 머유, 누나."
"이거? 네 시간표야."
"시간표? 무슨 시간표?"
"오줌싸개 시간표? 피히. 어디 한 번 읽어바."
"쏙쏙이 들어 –자기 전에 쉬–."
"자기 전에 쉬이. 그게 무슨 소리야."
"밤에 잘 째, 이 걸 보구, 오줌을 꼭 꼭 누구 자란 말이야."

누나가 그 걸 써 부처논 뒤로는
이저버리구 그냥 자다가두, 벌쩍 일어나 누고 자고 누고 자고 한답니다.
그래서 그뒤로는,
여태껏 한번두 아니쌌서요.
쉬, 쉬
오줌 싸는 아이들은
다, 자기 전에 쉬–.

— 《동아일보》 1932. 11. 5. 5면

이 작품은 1933년 우리나라 첫 동시집 『잃어버린 댕기』[26]에 실린 다섯 편의 동화시 가운데 하나이다. 이 작품에는 천진한 아이의 언어와 행동이 잘 묘사되어 있다. 오줌 싼 아이를 둘러싸고 벌어지는 가족들의 반응과 아이의 마음을 아이 시점에서 아이의 입말로 재미있게 펼쳐내고 있다.

1970년대까지만 해도 아침이면 키를 쓰고 소금을 얻으러 가는 아이를

---

[26] 계수나무회에서 펴낸 동시집으로 창작 동시 20편, 번역 동시 10편, 동화시 5편이 실려 있다. 동화시로 분류되는 작품은 「오줌싸개 시간표」를 비롯하여 「도깨비 열 두 형제」, 「옥수수 하모니카」, 「빈대떡 한 조각」, 「짝제기 신발」 등이다.

종종 볼 수 있었다. 세탁기가 없던 시절이었으므로 담요 빨래가 쉽지 않은 까닭에 오줌 싸는 버릇을 고치기 위한 계책이 필요했다. '소금'은 액을 쫓아 준다는 민간신앙이 있어, 마을 공동체가 함께 아이를 돌보는 시절이었기에 가능한 일이기도 했다.

  이 시에서는 호통은 쳤지만, 오줌 싼 이유를 찾다가 어른들 잘못이라고 결론을 내는 모습이나 주눅 들지 않는 아이에게서 드러내지 않는 은근한 사랑을 엿볼 수 있다.

>새 집으로 이사 온 밤.
>비 오고 바람 불고 천둥 하던 밤.
>뒷산에 뒷산에 도깨비가 나와,
>우리 집 집웅에 돌팔매 질 하던 밤.
>덧문을 닫고 이불을 쓰고,
>엄마하고 나하고 마조 앉어, 덜덜 떨다가,
>잘랴고 잘랴고 마악 들어누면, 또,
>탕 탕 떼구루루- 퉁!
>이튿날 아침,
>뒷산에 가보니깐
>복숭아 나무 썩은 열매가
>바람에 불려 떨어져서
>탕, 탕, 생철 지붕을 치구는, 데구루루 굴러 내려 땅으로 퉁!
>그래서 밤 밤-새도록
>탕 탕 떼구루루- 퉁! -
>내려가 세 보니깐 모두 열두 개,
>그 복숭아 열두 개를 망태에 담어
>동네 방네루 마구 댕기며 구경시켰죠.

비오는 밤이면은 도깨비가 무서워서
꿈쩍 못하구 들어 앉았던 동네 사람들한테
내가 잡은 도깨비 열 두 형제를 꺼내 보였죠.
그 뒤로는 그 뒤로는
우리 마을 겁쟁이 다 없어졌어요.
물 건너 민 생원, 등 너머 허 선달,
인제, 캄캄한 밤이라두 막 뽐내구 다니죠.

- 「도깨비 열두 형제」 전문

이 동화시는 《동광》 제39호(1932. 11)에 발표되었다. 작품의 일부가 7차 교육과정 6학년 2학기 『읽기』에 「도깨비」라는 제목으로 실렸다. 새 집으로 이사한 날 밤 천둥과 함께 비바람이 몹시 분다. 화자는 양철 지붕에 "탕 탕 떼구루루– 퉁!" 하고 부딪치는 소리를 도깨비가 돌팔매질하는 소리로 상상한다. 화자는 이 낯선 소리가 무엇인지를 다음 날 뒷산에 가 보고 알게 된다. 복숭아의 썩은 열매가 양철 지붕에 떨어지는 소리였던 것이다. 화자는 복숭아 열두 개를 망태에 담아 마을 사람들에게 보여주며 도깨비들의 장난이 아니라는 것을 알려준다. 그러자 무서워서 꿈쩍 못하던 동네 사람들이 안심하게 되었다는 이야기가 들어 있다.

아기가 아기가
가겟집에 가서
"영감님 영감님 엄마가 시방 몇 시냐구요"
"넉점 반이다."

"넉점 반 넉점 반."
아기는 오다가 물 먹는 닭

한참 서서 구경하고.

"넉점 반 넉점 반."
아기는 오다가 개미 거동
한참 앉아 구경하고.

"넉점 반 넉점 반."
아기는 오다가 잠자리 따라
 한참 돌아다니고.

"넉점 반 넉점 반."
아기는 오다가
분꽃 따 물고 니나니 나니나
해가 꼴딱 져 돌아왔다.
"엄마
시방 넉점 반이래."

– 「넉 점 반」 전문

이 작품은 1940년에 씌어진 동화시이다. 엄마가 시간을 알아오라는 심부름을 시켰는데, 아이는 주위의 온갖 사물에 마음을 빼앗겨 해가 꼴딱 져 돌아온다. "넉 점 반/ 넉 점 반"이라고 끊임없이 종알거리는 아이의 말은 반복되는 운율의 재미를 한껏 느끼게 한다.

넉 점 반은 4시 반이라는 뜻이다. 옛날에는 시간을 표시하는 것으로 '점'을 사용했는데, 구체적으로는 괘종시계가 종을 치는 횟수를 뜻했다. 아이가 가겟집에 가서 몇 시냐고 물어봤을 때, 시간은 4시 반. 잠자리를 따라 돌아다니고, 분꽃을 따서 물고 니나니 나니나 했다는걸 보니 계절은 여름. 그리고 여름에는 대략 8시 쯤 해가 지니까, 세 시간 넘게 놀다 돌아왔다는 이야기이다.

지금이 몇 시인지 알아오라고 심부름 보낸 아이가 저녁 여덟 시가 다 되어 돌아와서는 "엄마, 지금 네 시 반이래." 하고 천연덕스럽게 말하고 있다. 아이의 순수한 동심을 극명하게 보여주고 있다.

>아기가 장난하다 옷고름을 떼고서
>다름박질 오지요. (하낫 둘, 하낫 둘.)
>동네 점둥이 할머니가 내달아,
>"아가, 내 달아 주랴?"
>"안 돼요, 안 돼요." (하낫 둘, 하낫 둘.)
>
>동네 남순이 어머니가 내달아,
>"아가, 내 달아 주랴?"
>"안 돼요, 안 돼요." (하낫 둘, 하낫 둘.)
>
>동네 수돌이 누나가 내달아,
>"아가, 내 달아 주랴?"
>"안 돼요, 안 돼요." (하낫 둘, 하낫 둘.)
>
>아기는 헐레벌떡 집으로 와서,
>"엄마아, 이것 좀 달아 주우."
>
>- 「옷고름」 전문

아이의 일상 속에서 나타나는 엄마에 대한 애착을 보여주고 있다. 아기가 장난을 하다 옷고름이 떨어지자 그것을 주워 들고 헐레벌떡 줄달음

친다. 점둥이 할머니, 남순이 어머니, 수돌이 누나가 달아주겠다고 해도 막무가네. 아기의 마음은 온통 엄마에게로만 쏠린다. 이러한 모성 지향은 윤석중의 동시에 자주 나타난다. 그의 동시에 가장 많이 나오는 단어는 '아기'와 '어머니'이다. 이는 두 살 때 어머니를 여의고 할머니 손에서 자란 시인의 환경과 밀접한 관계가 있다.

옥수수 하모니카

벽쇠가 나 옥수수 먹는 걸 보더니,
어슬렁어슬렁 뒷짐을 지고 따라오겠지,
오더니 날더러,
"애 너 저 서양 퉁수 갖구 싶지 않으냐,"
그러겠지.
"서양 퉁수? 서양 퉁수가 머야?"
"아니 저 왜 입에 대구 불면 뻥 뻥 뿡 소리 나는 거 말야."
"으응 저 하모니카,"
"그래 그래 하모니카, 너 그 하모니카 갖구 싶지 않으냐?"
"갖군 싶지만 머, 사 달랬다가 또 야단맞게……."
"내 만들어 주련?"
"뭘루?"
"너 가진 그 옥수수루……."
"아 이걸루?"
"그럼, 너 그걸루 만들면 소리두 잘 나구, 내려뜨려두 깨지지 않구, 아주 좋다누."
아 그러길래, 그럼 어디 만들어 보라고 내줬지요.
그랬더니, 옥수수 알맹이를 다 뜯어먹고

기다랗게 두 줄만 남기겠지요.

그러더니, 인제 다 됐다고 날 도로 줘요.

그래 입에 대고 불어 봤지요.

웬걸, 암만 불어도 소리가 나아죠.

"아 이거 어디 소리나니?"

"안 나긴 왜. 네가 만지더니 병을 냈나 보구나."

그러면서 도로 뺏겠지요.

뺏더니 귀에 대고 한번 흔들어 보겠지요.

"오, 이 속이 병이 났군 그래……. 그럼 이걸 죄 뜯구 고쳐야지."

그러면서 두 줄 남은 것까지 마저 뜯어먹고는, 에라 난 모르겠다고 옥수수 속을 나한테 팽개치면서 그만 그만 도망을 가겠지요.

아 이런 얼렁뚱땅하는 바람에 그만 속았어요.

내 이따 가서 도로 물어 노라고 그럴라고

그걸 집어 가지고 집으로 들어왔지요.

할머니가 마루 끝에서 담배를 잡숫다가,

"암만 봐야 이두 없는데 왜 이리 가려운가."

그러시면서 어깨를 들먹들먹하시겠지요.

그래 내, 그 옥수수에다 싸리 가질 꽂아 가지고 할머니 등 뒤로 가서, 슬근슬근, 자루 달린 옥수수로 등을 문질러 드렸지요.

그랬더니 그랬더니, 시원해 아주 좋아하시겠지요.

"할미 등을 다 긁어 주구, 아 글쎄 오늘은 애가 이게 웬일야 응? 아이 신통해라……."

그러시면서 입이 남대문만큼 벌어지시겠지요.

내, 내, 할머님 한번 졸라 봤지요.

"할머니이."

"우애."

"저어."

"그래서."

"하모니카……."

"머 할머니 가?"

"아니 아니 하모니카 하모니카, 저, 저 뒷집 노마 가진 그 하모니카 말야."

아버지가 방에서 빙그레 웃으며 나오시면서,

"할머니께서 하모니카가 무엔지 아시니, 그래 한 개에 얼마씩이라던?"

"저, 저, 어른 하모니카는 일 원두, 이 원두 하구 삼 원두하구 그러는데,

애들 건 한 개에 오 전이래."

"그럼 네가 나가서 한 개 사 가지구 들오려무나."

그러시면서 지갑에서 구멍 뚫린 돈 한 푼을 내주시겠지요, 하하, 아주 그날 땡 땄어요.

― 「잃어버린 댕기」. 1933년

6. 현석 이석현의 동화시

흰돌 백석이 북한에서 동화시 창작에 몰두했다면 남한에서는 현석(玄石) 이석현(李錫鉉, 필명 검돌)이 동화시 운동에 매진하였다. 현석은 1925년 함경북도 회령에서 출생하여 1946년 강계사범전문학교를 졸업했다. 이서초등학교 교원으로 있다가 월남했다. 1951년 신흥대학(현재 경희대학교) 국문과에 다니며 1950년 《상공(商工)》에 시 「두더지」, 「황혼」을 발표했다. 이후 《가톨릭문화》에 「명암」을 발표한 후 여러 신문 및 문예지에 시를 발

표했다. 1952년 이후 군보도원, 《매일신보》, 《가톨릭시보》 기자, 성바오로수녀원 강사 등으로 일했다.

1960년대 동화시 운동의 대표 주자 이석현은 '동화'를 서구의 '페어리테일적인 환상문학'으로 보는 관점에 기반해서 동화시[27] 논의를 전개했다. 그는 한국아동문학가협회 이사, 카톨릭저널리스트클럽 이사, 색동회 실행위원, 한국글짓기지도회 부회장, 《가톨릭소년》[28] 편집부장 등을 역임했다. 현석은 1958년 첫 동시집 『어머니』를 출간하고, 이때부터 동시를 비롯한 아동문학에 전념했다. 특히 동화시를 써서 《가톨릭소년》에 매호마다 게재하며, 동화시를 아동문학의 한 장르로 정착시키기 위하여 뜻있는 아동문학가들과 함께 노력을 경주했다.

> 이전에 몇 분이 시험삼아 한 두편씩 써 보다가 말았을 뿐, 별로 꽃 피어 본 일이 없는 〈동화시〉를 아동문학의 한 분야로 끌어올리려는 〈동화시〉 운동의 첫 모임으로 아동문학가 중에서 뜻있는 분 여섯 명이 5월 14일 《가톨릭소년》사 구내식당에서 진지한 의견을 나누었다. 김요섭, 박홍근, 어효선, 이석현, 임인수, 정상묵 (가나다 순) [29]

위의 인용문을 보면 이석현은 《가톨릭소년》의 지면을 활용하여 '동화시'가 아동문학의 장르로 정착할 수 있도록 노력한 것을 알 수 있다. 1964년 9월호에는 정상묵의 「책상들의 속삭임」, 이상현의 「햇네와 무지개」, 1967년 2월호에는 이석현의 「강마을 산마을」, 이원수의 「싸움놀이」 등 지속적으로 동화시를 실었다. 1966년 5월 이석현은 잡지에 게재했던 동화

---

[27] 이석현, 「동화시론」, 『교육자료』, 1967. 4. 1980년대의 제해만 또한 동화시의 스토리는 "일상적인 산문 기법으로 전달하려 하지 않고 상상력과 고도의 팬터지에 의해 세상사를 은유적으로 표현하려 할 때 동화시의 성격이 드러날 것"이라고 하는 등 비슷한 관점을 보인 바 있다.

[28] 1972년 4월호부터 《소년》으로 개칭되었다.

[29] 《가톨릭소년》, 1964. 7, 54쪽.

시를 단행본으로 묶어 『메아리의 집』(성바오로 출판사)이란 제목으로 출간하였다.

1966년부터 박경용·김사림·신현득·박송 등과 함께 동인지 『동시인』을 4집까지 발간했다. 이후 동화집 『성큼성큼』(1970), 『아름다운 비밀』(1972)을 상재하고, 『이석현 시집』(1975)을 펴냈다. 1970년 제2회 한정동아동문학상을 받았으며, 새싹문학상, 캐나다 한국인상, 허균문학상, 중앙예술문화대상 등을 받았다.

1975년 캐나다 토론토로 이민을 떠나 캐나다 《한국일보》 편집국장, 주필, 이민사연구실장 등을 지냈다. 1977년 캐나다 한국문인협회를 만들어 《캐나다문학》을 발행하고, 신춘문예 제도를 만들어 후진을 양성했다. 2009년 토론토에서 85세를 일기로 영면하였다.

> 날마다 날력 한 장씩 찢으며
> 옹이 얼굴에
> 웃음꽃이 망울집니다.
> 하루 지나고,
> 이틀이 가면
> 엄마 이마에는
> 짙은 먹구름 -
>
> 옹이가
> 그토록 갖고 싶어하는 것!
>
> 진이랑 창이랑
> 신나게 타고 다니면서
> "찌링 찌링

저리 비켜라!"
뻐기기를 잘하는
세발자전거

부러워서 부러워서
꿈에까지 잠꼬대하던 웅이
　- 중략 -
"진아, 나두 한번만…"
"안 돼! 이거나 먹어라."
힘센 진이한테
알밤 한 대 이맛빡에 받고
시무룩 물러선 웅이- 그래도
　- 중략 -

집에 들어선 엄마 입은 대구 입,
아빠 얼굴도 햇님 얼굴,
엄마 아빠 둘이서
자전거와 과자봉지를 상자에 넣고
빨강 노랑 파랑 색종이로
곱게 곱게 싸서는
웅이 머리맡에 놓아 두고,
마주 보며 한 번 더
웃음꽃이 상그르.
　- 후략 -

- 「엄마 반지」 일부 《경향신문》 1961. 5. 9

웅이가 세발자전거를 사 달라고 조른다. 꽃장수 웅이 엄마는 꽃판 돈이 모자라 6·25 피난 때도 지니고 있었던 반지를 팔아 자전거를 산다. 웅이에게 어린이날 선물로 약속한 자전거를 사 오는 엄마는 좋아서 대구입이 된다. 엄마와 아빠는 잠자는 웅이 머리맡에 선물을 두고 기쁨을 감추지 못한다.

  이 동화시는 서술도 산문에 가깝지만 행과 연을 두고 있는 데서 시의 성격을 지니고 있다. 동화적 스토리를 시적 외형에 담은 것이 동화시의 형식인 것이다.

> 앞산에 오르면
> 어디선가
> "여봐라아!"
>
> 골짜기 너머
> 아득한 구름가에도
> "여봐라아!"
> 그리구선 메아리는
> 굴레굴레 넘어가
> 숲 속에랑
> 호숫가 물 밑에랑 살그름 숨는다.
>
> "저 산의 메아리
> 초록 메아리."
> "저 산의 메아리
> 초록 메아리."
> – 중략 –

어두컴컴 숲길에서
불쑥 튀어나온 커다란 호랑이!
불꽃튀는 눈망울 부리부리
냉큼 삼키려 든다.

한 옆, 노송나무 뒤에 웅크려
가슴방아만 찧던 웅이
소리껏 손나발 불었다.

"얘들아! 큰일 났다.
호랑이닷!"
"빨랑 도망가라.
호랑이 온다!"

봉우리도 벼랑도
골짜기도 숲도 모두
모오두 되뇌이는 소리에
섬찟 멎어선 호랑이는
두리번 두리번

메아리가 금세 구름을 불러
햇님 나라로 전갈갔나 보다.
"더르륵 더르륵…."
"더르륵 더륵 더르륵…."
– 중략 –

"메아리야! 겁쟁이."
"메아리야! 겁쟁이."
"얄미운 심술통!"
"얄미운 심술통! 심술…"

"네 집이 어디냐?"
"…어디냐?"
"고향 어디냔 말이다!"
"고향, 고향이 어디냔
말이다. 말이다!"

메아리가 메아리, 더
메아리를 낳아 자꾸만
번져간다.

– 「메아리의 집」 일부, 《가톨릭소년》 1965. 8.

산에 오른 웅이가 메아리를 부르는 장면이다. 어두컴컴한 숲길에서 웅이는 불쑥 튀어나온 커다란 호랑이를 만난다. 호랑이는 불꽃튀는 눈망울을 부라리며 냉큼 삼키려 든다. 웅이는 노송나무 뒤에 숨어 "호랑이가 나타났으니 빨리 도망가라"고 손나팔을 분다. 손나팔은 메아리로 울려 퍼지고, 그 소리를 듣고 하늘에서 금빛 갑옷 입은 소년이 나타난다. 소년은 햇살을 상징한 것이다. 금빛 소년이 무수한 빛화살을 퍼붓자 호랑이는 울에 갇힌 신세가 된다. 힘찬 메아리를 통해 어떤 어려움에도 굴하지 않는 용기와 기상을 주문하고 있다.

7. 한국 동화시 개관

한국의 동화시는 육당 최남선의 동화요 「남잡이가 저잡이」이라는 동화요에 기원을 둔다. 윤석중의 동시집 「잃어버린 댕기」에는 「오줌싸개 시간표」 등 동화시 5편이 등장한다. 그 뒤 임인수의 「별 이야기」(아이생활, 1943)가 발표되었고, 박영종이 「바보 이반의 노래」(어린이나라, 1949)를 발표하였다.

북한에서는 백석이 동화시 창작을 주도하였다. 해방과 더불어 미국과 소련의 주도로 우리나라에 38선이 그어져 남북이 갈라지고 이북에 갑자기 들어선 북한 정권의 칼바람 속에서 백석의 동시와 동화시 집필은 선택이 아닌 운명이었다. 현대시를 안 쓰는 대신 발표한 초기의 백석 동시와 동화시는 매우 짧고 응축된 형식미로 활달한 동심 세계를 그려내고 있다.

백석의 동시와 동화시는 현대시와 마찬가지로 북한의 문화예술은 철두철미하게 당적 문화예술이며 계급적 문화예술이어야 한다는 북한의 공산당 논리 아래에서 철저히 배격당했다. 그러므로 북한에서 백석의 동시와 동화시 집필은 문인으로서 유일한 선택이 아닌 급변하는 시대상이 합일된 불가항력적인 상황이었다.

백석의 동시와 동화시는 백석 시문학이 동시와 동화시로 변모하는 문학전이, 혹은 생명전이 현상이었다. 백석에서 있어 동시와 동화시의 탐구와 실행이야말로 당시 생명 보존이 위태로운 극악한 당대 현실에서 백석의 영혼이 살아 숨 쉬는 유일무이한 숨구멍이었다. 철저하고 처참하게 숙청당하여 목숨을 앗긴 문인들의 전철을 밟지 않고, 감시와 통제가 심했던 현대시 대신 새로이 동시와 동화시를 내세워 문학의 틀을 새로 짠 것이다.

1959년 양강도 삼수군 관평리에 있는 국영협동조합으로 내려가 축산반에서 양을 치는 일을 맡았다. 삼수군 문화회관에서 청소년들에게 시 창작을 지도하면서 농촌 체험을 담은 시 「이른 봄」, 「공무여인숙」, 「갓나물」 등을 발표하였다. 1960년 1월 평양의 《문학신문》 주최 '현지 파견 작가 좌담회'에 참석하였고, 시 「눈」, 「전별」 등과 동시 「오리들이 운다」, 「앞산 꿩, 뒷산 꿩」 등을 발표하였다. 그는 1962년 10월 북한 문화계에 복고주의에 대한 비판이 거세게 일어나면서 창작활동을 전혀 하지 못하게 되었다. 1996년 삼수군 관평리에서 84세를 일기로 타계하였다.

남한에서는 1960년대 이석현이 동화시 창작에 적극 나섰다. 그는 1966년에 한국 최초의 동화시집 『메아리의 집』(성바오로출판사)을 출간하였다. 이 책에는 「엄마 반지」, 「창구멍」, 「메아리의 집」 등 19편의 동화시가 실려 있다. 이석현은 『동화시론』(교육자료, 1967)을 내면서 동화시 운동을 주창했지만 큰 호응을 얻지는 못했다. 동화시에서 시적 요소가 없으면 동화가 되고, 내용상 줄거리를 갖추지 못하면 단순히 장형 동시가 되므로 편의상 동시에 포함시키는 경우가 많다.

동화시는 한동안 아동문단의 관심 밖으로 밀려 있다가 1990년대 말 이후에 몇 권이 출간되었다. 발표된 동화시집으로는 위기철의 『신발 속에 사는 악어』(사계절, 1999)[30], 박종현의 『비오는 날 당당한 꼬마』(세계문예, 2006), 「너무나 예쁜 하얀 사슴」(세계문예, 2007), 이경애의 『아침나라 이야기』(청개구리, 2008)[31] 등이 있다. 최근에는 원로 동시인 신현득이 연작 동화시집 『용철이와 해바라기 세상 바꾸기』(가문비어린이, 2017)[32]를 상재하여 관심을 끌었다.

---

30) 이 책은 전체 3부로 구성되어 있다. 1부 「주머니 속의 동전 한 잎」은 우리말의 재미와 상상력을 느낄 수 있는 내용이다. 2부 「신발 속에 사는 악어」는 아이들의 일상생활과 생활습관 등을 담아내고 있다. 3부 「백한 번째 토끼」는 옛이야기를 패러디하여 독자들에게 생각할 거리를 제공해 준다.

31) 이 작품은 환웅이 아버지 환인의 허락을 받아 하늘의 징표인 천부인 세 개를 가지고 이 땅에 내려와 신시를 여는 이야기에서부터 시작된다. 이리하여 고조선, 신라 백제의 건국 이야기 3편, 고구려 건국 이야기 4편, 가락국 건국 이야기 2편, 왕과 신하의 이야기 9편, 백성 이야기 6편 등 모두 30편의 동화시로 구성되어 있다.

32) 용철이는 해바라기의 키가 부러웠다. 해바라기는 걸어 보고 뛰어다니고 싶었다. 둘은 어느 날 의견이 맞아서 몸을 완전히 바꾸게 된다. 한 포기 해바라기가 된 용철이는 초록나라에도 언어가 있다는 것, 초록나라 모두가 귀가 있다는 것, 초록나라가 자급자족하는 나라라는 것, 식물이 산소공장이라는 것 등을 직접 또는 간접으로 경험한다. 광합성의 경험, 해님은 공평하다는 것, 초록나라 아기는 시끄럽지 않다는 것, 초록나라 모두는 햇빛·흙·농부의 은혜와 고마움을 안다는 것, 초록나라에 만세를 부를 줄 아는 무궁화가 있어서 한국의 열사들을 이야기한다는 것, 초록나라에는 욕심쟁이가 없고, 게으름 피우는 자가 없다는 것, 자기 몸을 나누어 모든 생명을 먹여 살리고 있다는 것 등을 깨닫는다. 그러나 초록나라에도 '가뭄'과 '해충'등 고난이 있다는 것을 알게 된다. 이것이 용철의 '해바라기 공부'였다. 꼬마 학생이 된 해바라기는 자기 실체가 노출되지 않게 조심하면서, 사람의 세계를 체험한다. 용철이의 집에서 용철이 노릇을 하면서 학교에 가서 공부를 한다. 씨름에서 판막음을 하고, 축구에서 인기 선수가 되고 학교에서 당번도 한다. 사람은 질서를 지키고 예술을 사랑하고, 과학을 발전시킨다는 사실에 놀라워 한다. 그러나 사람에게 질병이 있다는 것, 서로 다툰다는 것 등에 실망을 느끼기도 한다. 이것이 해바라기의 '사람 공부'였다. 어느 날 두 주인공은 서로를 찾아와 몸을 바꾸고 자기 자리로 돌아간다는 줄거리이다.

제2부

백석과 마르샤크

1. 사무일 마르샤크의 동화시
2. 백석의 동화시

1. 사무일 마르샤크의 동화시

백석은 1955년 러시아의 사무일 야코블레비치 마르샤크(Samuil Marshak, 1887~1964)[33]의 『동화시집』을 번역하며 동화시와 만나게 된다. 그는 1956년 1월에 나온 《아동문학》 제1호에 동화시 「까치와 물까치」, 「지게게네 네 형제」를 발표했다. 이 동화시는 백석의 창작을 다시 알리는 신호탄이었다. 그리고 시에서 아동문학의 영역으로까지 장르를 확장했음을 알려주는 작품이다. 1948년 「남신으주 유동 박시봉방」을 남한의 잡지 《학풍》에 실은 후로 무려 8년만의 일이었다.

백석은 북한 문예지 《아동문학》(조선작가동맹출판사) 1957년 11월호에 게재한 '마르샤크의 생애와 문학'이란 글에서 마르샤크에 대해 "유명한 소련의 시인이며 극작가이며 번역가이며 이론가이며 거대한 아동문학가"라고 소개한 바 있다.

마르샤크 『동화시집』 번역에서 나타난 독자적인 짓본뜬말(의태어), 소리본뜬말(의성어)의 쓰임, 각운과 압운의 적절한 사용, 지역어나 신어 쓰임, 반복과 병렬의 짜임새가 『집게네 네 형제』에서도 고스란히 드러난다. 이런 동화시는 북한 어린이 문학뿐 아니라 중국 조선족 문학에도 큰 영향을

---

[33] Самуи́л Яковлевич Марша́к(1887년 11월 3일~1964년 6월 4일)는 소련 시대를 대표하는 아동문학가이자 번역가이다. 그의 작품은 재치 넘치는 운율과 생생한 표현으로 소련 어린이들에게 큰 사랑을 받았으며, 오늘날에도 여전히 많은 이들에게 읽히고 있다. 마르샤크는 러시아 제국 시대에 우크라이나의 보도스토이스크의 유대인 가정에서 태어났다. 어린 시절부터 문학에 대한 재능을 보였으며, 1910년부터 본격적으로 작품 활동을 시작했다. 초기에는 성인을 위한 시를 주로 발표했지만, 이후 아동문학에 집중하면서 그의 명성을 널리 알리게 되었다. 마르샤크의 작품은 주로 동물을 의인화하거나 일상생활의 소재를 재미있게 다루는 것이 특징이다. 그의 대표작으로는 『고양이 집』, 『열두 개의 달』, 『우체부』 등이 있다. 그의 작품들은 단순한 동요를 넘어 사회적인 메시지를 담고 있기도 하다. 예를 들어, 『고양이 집』은 개인주의와 협동의 중요성을, 『열두 개의 달』은 계절의 변화와 자연의 순환을 이야기한다. 마르샤크는 또한 뛰어난 번역가로도 활동했다. 그는 셰익스피어, 키플링, 로다 달링 등 세계적인 작가들의 작품을 러시아어로 번역하여 소련 어린이들에게 소개했다. 그의 번역은 원작의 정신을 충실히 살리면서도 러시아어 특유의 운율과 리듬을 자연스럽게 구현하여 높은 평가를 받았다. 마르샤크는 소련 아동 문학의 황금기를 이끌었으며, 그의 작품들은 소련 어린이들의 정서 함양에 큰 영향을 미쳤다. 그의 작품은 단순히 재미를 주는 것을 넘어 어린이들의 상상력을 자극하고, 도덕적인 가치관을 형성하는 데 기여했다. 소련 붕괴 이후에도 마르샤크의 작품들은 여전히 러시아를 비롯한 많은 국가에서 사랑받고 있다. 그의 작품은 번역되어 다양한 언어로 출판되었으며, 여러 나라의 어린이들에게 감동을 선사하고 있다.

미쳤다.

마르샤크 『동화시집』에는 「철없는 새끼 쥐의 이야기」[34], 「불이 났다」[35], 「우편」[36], 「선수-망그지르기 선수」[37], 「게으름뱅이들과 고양이」, 「책에 대한 이야기」, 「드네쁘르 강과의 전쟁」[38], 「미스터 트비스터」, 「할아버지와 아이와 나귀」, 「누가 더 잘났나?」[39], 「다락집 다락집」[40] 등 11편의 동화시가 실렸다. 그 중 「불이 났다」, 「우편」, 「드네쁘리 강과의 전쟁」 등은 각각 소방대, 우편 배달부, 건설 노동자들의 활약상을 다루고 있다. 이 작품들은 소련 사회의 건실함을 선전하는 동시에 어린이 눈높이에 맞춘 감각적인 표현으로 동화시의 특징을 담고 있다.

전에 발표한 동화시들이 평범한 이들을 영웅으로 그려 사회주의 국가에 대한 낙관을 심어주었다면 「게으름뱅이와 고양이」, 「미스터 트비스터」 등은 게으름뱅이 아이와 미국의 인종차별주의자, 대자본가인 부정

---

[34] 큰 쥐가 밤에 구멍에서 부른 노래/ "애기 쥐야 조용히 잠자거라!/ 빵 껍데기(껍질)랑 양초 꽁다리랑/ 너한테 줄게." (중략) 집오리는 새끼 쥐에게 노래 불렀네./ "가- 가- 가, 아가야 잠자거라!" (중략) 두꺼비는 점잖게 뿌극뿌극 울었네/ "뿌극- 뿌극- 뿌극, 울지 말아,/ 새끼 쥐야 아침까지 잠을 자거라,/ 모기를 모기를 잡아 줄게."(「철없는 새끼 쥐의 이야기」 중).

[35] 경보 소리는 사람들을 깨우고/ 행길은 우릉우릉 떤다./ 대담한 소방수들/ 우레 소리치며 내달았다. (중략) 잠시 동안에 숱한 소방차는/ 모두 다 불난 곳에 당도했다./ 문 앞에 쭉- 늘어서서,/ 늘진늘진한 호쓰를 꽂아 맞춘다.// 팽팽 풍기어 불룩해지자,/ 기관총처럼 호쓰는 물을 뿜는다. (중략) 장마당 넓은 터에,/ 소방대 망루에서,/ 밤낮없이/ 파수꾼은/ 온 사방 망을 본다-./ 북쪽도/ 남쪽도/ 서쪽도/ 동쪽도-./ 연기는 안 보이나 하고. (「불이 났다」 중).

[36] "가죽끈이 달린 두툼한 가방을 메고,/ '5'가 적힌 구리판을 달고,/ 푸른 제모를 쓰고/ 우리 집 문을 두드리는 사람은 누구?/ (중략) 레닌그라드 우편배달부./ (중략) 일곱 시에 일을 시작해/ 열 시에는 홀쭉 가방이 줄어지고,/ 열두 시가 될 때에는/ 주소를 찾아 편지는 죄다 돌렸다." (「우편」 중).

[37] 잘 짜인 물건을 찌그러뜨리거나 부수어 못 쓰게 하다.

[38] 코끼리 같은/ 굴착기가/ 간다./ 미친 듯 성이 나/ 부들부들 떤다./ 쇠 호쓰에서/ 짱짱 소리를 내며/ 실수 없이/ 화강암을 깨친다. (중략) 살찐 땅에서/ 전기로/ 보섭을/ 끄을도록/ 하려고,/ 저녁이면/ 거리와/ 집들에/ 불빛이/ 밝도록/ 하려고! (「드네쁘르 강과의 전쟁」 일부.

[39] '돼지 몰이꾼 대답은- "내 말하지-,/ 당신네 가운데 누가 잘났나./ 누구든지 제 힘으로 사는 사람/ 그 사람이 그거야 더 잘났지!// 당신은 임금 없이도 살아갈 텐가?" "그렇구말구-." 전사의 대답./ "당신은 호위병이 없어도 좋겠는가?" "원 천만에!-" 임금이 하는 말.' (「누가 더 잘나나?」 중).

[40] '쥐- 따쥐는/ 가루만 빻고,/ 개구리는/ 만두를 굽고,/ 숫탉은 창문에서/ 그들에게 손풍금을 타 준다./ 잿빛 고슴도치는 등을 웅크려/ 잠도 자지 않고 다락집을 지킨다.// 갑자기도 갑자기 컴컴한 숲속으로/ 집 없는 승냥이가 기신기신 찾아왔다./ 대문을 쾅쾅 두드리며/ 목 갈린 소리로 노래를 한다-.' (「다락집 다락집」).

적인 주인공을 꾸짖고 폭로하면서 공민이 갖춰야 할 윤리와 품성을 깨닫게 한다.

> 대신을 지낸
> 미스터
> 트비스터는,
> 사업가요 은행가,
> 공장과 신문과
> 기선들을 가진 사람,
>
> 대신을 지낸
> 미스터
> 트비스터는,
> 은행가요 부자요,
> 공장과 신문과
> 기선들을 가진
>
> 대신을 지낸
> 미스터
> 트비스터는,
> 공장과 신문과
> 기선들을 가진
> 백만장자
>
> 대신을 지낸
> 미스터
> 트비스터는

공장과 신문과
기선들을 가진
백만장자,

대신을 지낸
미스터
트비스터는 백만장자, (중략)

바로 이때
찌르릉 전화기가 운다-.
"뉴-욕- 레닌그라드 사이
뱃간 넷,
목욕탕,
응접실,
분수,
그리고 정원이 달린 것.
옆에 깜둥이
말라이 놈들,
그리고 그 밖에도
다른 천한 놈들이 있으면
안 되니
정신 차려.
트비스터는
유색인종을
싫어하니까!"

－「미스터 트비스터」

어미 쥐는 달려가
집오리더러 아이보개로 오라 했네.
"오리 아주머니 우리한테 와요,
우리 애기 그네나 흔들어 줘요."
집오리는 새끼 쥐에게 노래 불렀네.
"가– 가– 가, 아가야 잠자거라!
비 온 뒤 뜰악에서
지렁이를 찾아 줄게."
철없고 조그만 새끼 쥐가
선잠결에 대답을 하네.
"아니야, 그 목소리 좋지가 않아,
노래소리 너무나 요란스러워!"

어미 쥐는 달려가
두꺼비더러 아이보개로 오라했네.
"두꺼비 아주머니 우리한테 와요,
우리 애기 그네나 흔들어 줘요."
두꺼비는 점잖게 뿌극뿌극 울었네
"뿌극– 뿌극– 뿌극, 울지 말아,
새끼 쥐야 아침까지 잠을 자거라,
모기를 모기를 잡아 줄게."
철없고 조그만 새끼 쥐는
선잠결에 대답을 하네.
"아니야, 그 목소리가 좋지가 않아,
노래소리 너무나 청승맞아라!"

어미 쥐는 달려가
말더러 아이보개로 오라 했네
"말 아주머니, 우리게로 와요,
우리 애기 그네나 흔들어 줘요."
호호홍!- 하고 말이 노래를 하네_.
"애기 쥐야, 달게 달게 잠자거라.
바른편으로 돌아누어라.
귀밀 한 섬 갖자 줄게."
철없고 조그만 새끼 쥐는
선잠결에 대답을 하네.
"아니야, 그 목소리
좋지가 않아,
노래소리 너무나 무서워라!"

어미 쥐는 달려가
돼지더러 아이보개로 오라 했네.
"돼지 아주머니, 우리게로 와요,
우리 애기 그네나 흔들어 줘요."
돼지는 목쉰 소리로 꿀꿀거리며,
보채는 애기 쥐를 재우려 했네.
"자장, 자장- 꿀- 꿀.
홍무우 두어 뿌리 갖다 줄게!"
철없고 조그만 새끼 쥐는
선잠결에 대답하네.
"아니냐, 그 목소리 좋지가 않아,
노래소리 너무나 무뚝뚝해라!"

어미 쥐는 이때 생각하였네-.
암탉을 불러야만 하겠다고.
"암탉 아주머니, 우리게로 와요,
우리 애기 그네나 흔들어 줘요."
안는 암탉 꼬꼬댁 하는 말이,
"꼬꼬댁! 아기야, 무서워 말아!
날개쭉지 밑으로 살그머니 들어와!
여기는 조용하고 따스하단다.
철없고 조그만 새끼 쥐는
선잠결에 대답을 하네.
"아니야 그 목소리 좋지가 않아,
이래서는 아여 잠 못 자겠네!"

어미 쥐는 달려가
쏘가리를 아이보개로 오라 했네.
"쏘가리 아주머니 우리게로 와요,
우리 애기 그네나 흔들어 줘요."
쏘가리는 새끼 쥐에게 노래 불렀네.
새끼 쥐는 노래소리 듣지 못했네.
쏘가리는 벌름벌름 입을 벌리나.
무슨 노래 부르는지 들리지 않네…….
철없고 조그만 새끼 쥐는
선잠결에 대답하네.
"아니야 그 목소리 좋지가 않아,
노래소리 너무나 조용도 해라!"
어미 쥐는 달려가

고양이를 아이보개로 오라 했네.

"고양이 아주머니 우리게로 와요,

우리 애기 그네나 흔들어 줘요."

고양이는 새끼 쥐에게 노래 불렀네.

"야웅- 야웅, 우리 애기 어서 자거라.

야웅- 야웅-, 잠자리에,

야웅- 야웅, 누어서 자라……."

철없고 조그만 새끼 쥐는

선잠결에 대답하네.

"그 목소리 참 좋기도 해-.

노래소리 어쩌면 달큼도 해라!"

― 「철없는 새끼 쥐의 이야기」

마르샤크의 『동화시집』 번역은 이후 백석의 동화시집 『집게네 네 형제』의 창작에 영향을 미쳤다. 이 책에는 「집게네 네 형제」, 「귀머거리 너구리」, 「오징어와 검복」, 「준치 가시」[41], 「수라」[42], 「산골 총각」 등 12편의 동화시가 실려 있다. 마르샤크의 『동화시집』 번역 후 동화시를 본격적으로 창작하기 전에 백석이 발표한 아동문학에 관한 평론들을 살펴봄으로써 동

---

[41] 가시가 많은 준치에게도 한때는 가시가 없어 서러운 시절이 있었다. 준치는 다른 물고기들을 찾아가 자신에게 가시를 하나만 달라고 한다. 그런 준치의 부탁을 들을 물고기들은 준치에게 가시를 찔러 준다. 그만 됐다고 달아나는 준치를 따라가며 하나씩 덤을 준다.

[42] 거미 새끼하나 방바닥에 날인 것을 나는 아무 생각없이 문밖으로 쓸어버린다./ 차디찬 밤이다./ 어디선가 새끼 거미 쓸려나간 곳에 큰 거미가 왔다/ 나는 가슴이 짜릿하다/ 나는 또 큰 거미를 쓸어 문밖으로 벌이며/ 찬 밖이라도 새끼 있는 데로 가라고 하며 서러워한다./ 이렇게 해서 아린 가슴이 싹기도 전이다./ 어데서 좁쌀알만한 알에서 가제 깨인 듯한 발이 채 서지도 못한 무척 적은 새끼 거미가 이번엔 큰 거미 없어진 곳으로 와서 아물거린다. 나는 가슴이 메이는 듯하다./ 내 손에 오르기라도 하라고 나는 손을 내어미나 분명히 울고불고할 이 작은 것은 나를 무서우이 달아나벌이며 나를 서럽게 한다./ 나는 이 작은 것을 고이 보드러운 종이에 받어 또 문밖으로 벌이며/ 이것의 엄마와 누나나 형이 가까이 이것의 걱정을 하며 있다가 쉬이 만나기나 했으면 좋으렸만하고 슬퍼한다.

화가 갖추어야 할 요건으로 시와 철학을 강조한 백석의 관점이 마르샤크의 『동화시집』을 통해 형성되었다.

두 시집의 비교를 통해 "-네"라는 종결어미의 사용이 어떤 의미를 지니는지도 눈여겨볼 필요가 있다. 백석 시에서 "-네"라는 종결어미가 쓰인 것은 동화시를 번역하고 창작하면서부터였다. 그 이전에 백석이 창작한 시에서는 전혀 찾아볼 수 없었던 종결어미 "-네"가 1955년 마르샤크의 『동화시집』을 번역하면서 일부 쓰였고, 이후 『아동문학』 1956년 1월호에 발표한 창작동화시 「까치와 물까치」에서 동화시로서는 처음 쓰인 후 『집게네 네 형제』수록 창작시 12편 모두에서 "-네"가 본격적으로 쓰였다.

마르샤크의 동화시집을 번역하면서 백석이 "-네"라는 종결어미를 선택하게 된 이유에 대해서는 동향의 선배 시인인 김억과 김소월[43]의 영향을 무시할 수 없어 보인다. 자신의 창작시에서는 전혀 사용하지 않던 종결어미를 『동화시집』을 번역하면서 쓰기 시작해 동화시 계열의 창작시를 쓸 때에도 적극적으로 활용했다는 것은 이전의 창작시들과 동화시가 성격을 달리하는 시임을 백석이 분명히 인식하고 있었음을 의미한다.

2. 백석의 동화시

한국 동화시에서 우리는 두 개의 커다란 돌과 만난다. 북한의 흰돌(白石)과 남한의 검은돌(玄石)이다. 그리고 보면 1930년대 석동(石童)이 놓은 주춧돌 위에 북에서는 백석이, 남에서는 현석이 동화시라는 돌집을 지은 것이다.

백석(白石)[44]의 본명은 백기행(白夔行)이다. 그는 1912년 7월 1일 평안북도

---

[43] 오산고보 교사를 지낸 김억은 16년 선배이고, 소월은 6년 선배이다.
[44] 일본의 시인 이시카와 다쿠보쿠(石川啄木)의 시를 너무나도 좋아하여 그의 이름의 석을 빼와서 썼다고 한다.

정주군 갈산면 익성동에서 백시박(時璞)과 이봉우(鳳宇) 사이의 장남으로 태어났다. 그의 아버지는 사진 기술이 있어 사진사로 일했다. 1924년 오산소학교를 졸업하고, 오산고등보통학교에 입학하였다. 오산학교는 남강 이승훈이 설립하였는데, 재학 중에 조만식[45], 홍명희가 교장으로 부임하기도 했다. 백석은 여러 과목 중 문학과 영어에 흥미를 보였고 성적 또한 좋았다.

백석은 오산고보를 졸업한 뒤 집안 형편상 대학에 진학하지 못하고, 집에서 책을 읽으며 소일했다. 그는 6년 선배인 김소월을 롤모델로 시인의 꿈을 키워 나갔다. 그러다가 1929년 조선일보사가 후원하는 춘해장학회 장학생 선발 시험에 뽑혀 일본의 아오야마학원 전문부 영어사범학과에 입학했다. 1930년 《조선일보》 신년현상문예에 단편소설 「그 모(母)와 아들」이 당선되었다. 유학 중 일본 시인 이시카와 다쿠보쿠(石川啄木)의 시를 즐겨 읽었고, 라이너 마리아 릴케와 프랑시스 잠의 시에 심취하였다. 그와 함께 모더니즘에도 관심을 가졌다.

백석은 1934년 아오야마학원 졸업과 함께 교원 검정 고시에 합격했다. 그는 귀국 후 바로 조선일보사에 입사해 계열 잡지인 《여성》의 편집을 맡는다. 같은 해 《조선일보》에 산문 「이설(耳說) 귀ㅅ소리」를 비롯해 번역 산문 「임종 체홉의 6월」·「죠이쓰와 애란(愛蘭) 문학」을 발표한다. 1935년에는 단편 「마을의 유화(遺話)」를 발표한다. 백석의 초기 단편들은 노년 부부의 삶이나 죽음 등 삶의 어두운 부분을 다룬 것이 많다. 그런데 시를 창작하면서 이런 분위기는 바뀌게 된다.

백석이 소설을 쓰다 시로 전한한 이유는 직설이 아닌 은유로 자신의 감정을 은폐할 수 있었기 때문일 것이다. 그가 시를 쓰게 된 것은 창작 이외

---

[45] 내가 아는 백석은 성적이 반에서 3등 정도였으며 문학에 비범한 재주가 있었다. 특히 암기력이 뛰어나고 영어를 잘했다. 회화도 썩 잘해 선생들에게 칭찬을 받았다. 백석은 용모도 준수했지만 나이가 어린 편이었다. (나이가 어렸지만 용모도 출중하고 재주가 비범했다) 백석은 부친을 닮아 성격이 차분했고 친구가 거의 없었다. (조만식의 회고)

의 문단 활동에는 거리를 둔 폐쇄성과 집에 돌아와서도 항상 세수를 할 정도의 심한 결벽증과 관련이 있어 보인다.

백석은 1935년 《조광》에 시 「정주성(定州城)」·「산지」·「주막」·「나와 지렝이」·「비」·「여우 난 곬족(族)」·「흰 밤」 등을 발표했다. 백석이 1936년 조광인쇄주식회사에서 펴낸 첫 시집[46] 『사슴』은 우리 문학사에서 특별한 시집으로 기록된다. 『사슴』은 백석의 초기작 33편을 담아 100부 한정판으로 출판했다. 당시 책값은 2원이었는데, 다른 시집과 비교하였을 때 2배가량 더 비싼 가격[47]이었다.

백석은 1937년 겨울, 2년 동안 일하던 신문사 교정직을 그만 두고, 본격적으로 시를 쓰기 위해 산촌이 많은 함경도로 떠난다. 그는 이때의 전후 상황을 같은 해 9월 《조선일보》에 실린 산문 「가재미·나귀」라는 글을 통해 밝힌다. 소설가 최정희, 시인 노천명, 모윤숙 등과 자주 어울렸으며, 「함주시초」, 「바다」 등을 발표하였다.

1938년 함경도 성천강 상류 산간 지역을 여행하였고, 함흥의 교원직을 그만두고 경성으로 돌아왔다. 「산중음(연작)」, 「석양」, 「고향」, 「절망」, 「나와 나타샤와 흰 당나귀」, 「물닭의 소리(연작)」 등 22편의 시를 발표하였다. 1939년 자야와 동거하면서 《여성》지 편집주간 일을 하다가 사직하고 고향인 평북 지역을 여행하였다.

여행을 즐기던 그는 이 무렵 여러 고장을 돌아다니며 고유의 민속, 명절, 향토 음식 같은 갖가지 풍물과 방언 등을 취재해 시에 담아낸다. 이런 풍물과 방언은 특히 「남행 시초(南行詩抄)」를 시작으로 해마다 나오는 기행시 형식의 연작시에서 잘 표현된다. 《조선일보》와 《조광》, 《시와소설》에 「통영(統營)」·「오리」·「탕약(湯藥)」·「연자ㅅ간」·「황일(黃日)」 등을

---

[46] 시인과 평론가로 활약하며 조선일보 사회부 기자로 있던 김기림은 조선일보에 서평을 실었다. "『사슴』의 세계는 그 시인의 기억 속에 쭈그리고 있는 동화와 전설의 나라"라면서도 "주착없는 일련의 향토주의와는 명료하게 구별되는 '모더니티'를 품고 있다"고 평했다.

[47] 당시 쌀 한 가마 가격이 13원, 고급 양복이 30~40원이었다.

발표한다.

백석은 조선일보사에 재입사한 지 열 달 만에 일을 그만두고 만주로 떠나버린다. 그는 떠나면서 친구인 소설가 허준과 화가 정현웅에게 "만주라는 넓은 벌판에서 시 1백 편을 건져오리라"고 말한다.

1940년 1월 만주 신징(新京)에 도착한 백석은 먼저 시영 주택 황씨방(黃氏方)에 방을 얻는다. 곧 이어 친구들의 도움으로 만주국 경제부에 자리를 얻고 나중에 일본인들의 횡포에 못 이겨 그만둘 때까지 시를 쓰며 직장일에 충실했다. 친구와 함께 살던 황씨방은 토굴이나 마찬가지여서 주말마다 근교의 러시아인 마을로 방을 얻으러 돌아다닌다. 이런 일로 북만주 오지의 원시 부족 사람들과도 얼굴을 익히게 되고, 밤이면 '시 1백 편'을 건지기 위해 시작에 몰입한다.

1939년 《조선일보》에 산문 「입춘」과 연작시 「서행시초(西行詩抄)」와 시 「안동」을, 《문장》에 「함남도안(咸南道安)」·「동뇨부(童尿賦)」·「넘언집 범 같은 노큰마니」 등을 내놓은 그는 이어 1940년 《문장》에 「목구(木具)」·「북방에서」·「허준(許俊)」 등을 발표한다. 같은 해 《인문평론》에 「수박씨 호박씨」를 발표하고, 조광사에서 토머스 하디 원작의 「테스」를 번역해 발간한 뒤, 이듬해에는 생계를 위해 만주에서 측량 보조원과 측량 서기로 일한다. 1941년 그는 《문장》에 시 「국수」·「흰 바람벽이 있어」·「촌에서 온 아이」, 《인문평론》에 「사포나 이백(李白)같이」, 《조광》에 「귀농(歸農)」 등을 발표한다.

백석은 일제의 한민족 말살정책이 강화되면서 한 곳에 머물지 못하고 여기저기 떠돌며 살게 된다. 그는 1942년 만주 안둥(安東) 세관으로 직장을 옮긴 후 엔 패아코프의 원작 소설 「밀림 유정」을 번역한다. 그가 만주에 있는 동안 동료 김소운은 백석의 시 「산우(山雨)」·「미명계(未明界)」 등 7편을 일본어로 옮겨 『조선 시집』에 싣는다.

1945년 8월 해방이 되자 귀국한 백석은 신의주에서 잠시 머물다가 고향 정주로 간다. 10월에 조만식을 따라 소설가 최명익, 극작가 오영진 등과

'김일성 장군 환영회'에 참석해 러시아어 통역을 맡았다. 1946년 북조선예술총동맹이 결성되었으나 처음에는 참여하지 않았다가 1947년 문학예술총동맹 외국문학 분과위원이 되었다. 이때부터 러시아 문학을 번역하는 일에 매진하였다. 1947년 《신천지》에 「적막강산」, 《신한민보》에 「산」을 발표하고, 1948년 《신세대》에 「마을은 맨천 구신이 돼서」, 《학풍》에 「남신의주 유동 박시봉방」[48], 《문장》에 「칠월 백중」 등을 발표한다.

1949년 솔로호프의 『고요한 돈강』 등을 번역하는 작업에 몰두하였다. 한국전쟁이 휴전된 후, 1953년 9월 전국작가예술가대회 이후 외국문학분과원으로 이름을 올리고 번역에 집중하였다.

1956년 동화시 「까치와 물까치」, 「집게네 네 형제」를 발표하였고, 「동화문학의 발전을 위하여」, 「나의 항의, 나의 제의」 등의 산문을 발표하였다. 10월에 열린 제2차 조선작가대회 이후 조선작가동맹 기관지 《문학신문》의 편집위원으로 위촉되었다. 또한 《아동문학》과 《조쏘문화》 편집위원을 맡으며 안정적인 창작활동의 기틀을 마련하였다. 1957년 동화시집 『집게네 네 형제』를 정현웅[49]의 삽화를 넣어 간행하였고, 동시 「멧돼지」, 「강가루」, 「기린」, 「산양」을 발표한 뒤 격렬한 비판을 받았다. 6월에 「큰 문제, 작은 고찰」과 「아동문학의 협소화를 반대하는 위치에서」를 발표하면서 아동문학 논쟁이 본격화되었고, 9월 아동문학 토론회에서 자아비판을 하였다. 1958년 시 「제3 인공위성」을 발표하였고, 9월의 '붉은 편지 사건' 이후 창작과 번역 등 문학적 활동이 대부분 중단되었다.

백석의 동시는 북한 아동문학계에서 생소하고 새로운 시도였다. 교훈과 사상의 교시나 노출에 편중된 북한 아동문학계의 도식주의와 기성의

---

48) 백석이 해방 전에 쓴 「적막강산」, 「마을은 맨천 구신이 돼서」 등을 허준이 보관하고 있다가 1947년 말부터 48년 가을에 걸쳐 서울의 잡지에 실었다. 1948년 《학풍》 창간호에 「남신의주 유동 박시봉방」을 발표하였다.

49) 정현웅(1910~1976)은 일제 강점기 시절 대표적 서양화자이자 삽화가로 활동했다. 《동아일보》와 《조선일보》, 《조광》, 《여성》, 《소년》 등 신문과 잡지에 수많은 삽화와 표지화를 그렸다. 1950년 한국전쟁 과정에서 월북함으로써 오랫동안 잊혀졌으나 월북 작가 해금 및 친일 작가 명단 삭제 등 조치로 최근 재조명되고 있다.

정형화된 세계를 지워 없애는 일에 고민하였다. 현재까지 알려진 백석의 동시 작품 현황은 다음과 같다. 「멧돼지」[50], 「강가루」, 「산양」, 「기린」(아동문학, 1957. 4), 「감자」(평양신문), 1957. 7. 19), 「오리들이 운다」[51], 「송아지들은 이렇게 잡니다」[52], 「앞산 꿩, 뒷산 꿩」[53](아동문학, 1960. 5), 「첫 머리에」, 「가금반장 할아버지」, 「잃어진 새끼양」, 「돌아와서는 왜 우나?」, 「곡간직이 할아버지」, 「무엇을 먹고 있었나?」(우리목장, 1961), 「나루터」[54](아동문학, 1962. 5), 「석탄이 하는 말」, 「강철장수」, 「사회주의 바다」(새날의 노래, 1962. 3) 등이다. 그의 동화시는 새로운 시도였고 북한 아동문학계에서는 당연히 낯설게 받아들였다.

백석의 동화시 창작은 소련 문학의 번역에서 비롯되었다. 그는 1955년 러시아 아동문학가 사무일 마르샤크[55]의 『동화시집』(민족청년사)을 번역 출

---

50) 곤히 잠든 나를/ 깨우지 말라./ 하루 온종일/ 산비탈 감자밭을/ 다 쑤셔 놓았다.// 소 없는 어느 집에서/ 보습 없는 어느 집에서/ 나를 데려다가/ 밭을 갈지나 않나! -「멧돼지」 전문, 《아동문학》 1957. 4월호.

51) 한종일 개울가에/ 엄저오리들이 빡빡/ 새끼오리들이 빡빡.// 오늘도 동무들이 많이 왔다고 빡빡/ 동무들이 모두 낯이 설다고 빡빡,// 오늘은 조합 목장에 먼 곳에서/ 크고 작은 낯선 오리 많이들 왔다./ 온몸이 하이얀 북경종 오리도/ 머리가 새파란 청둥 오리도.// 개울가에 빡빡 오리들이 운다./ 새 조합원 많이 와서 좋다고 운다. -「오리들이 운다」 전문, 《아동문학》 1960. 5월호.

52) 송아지들은 캄캄한 밤 깊은 산속도 무섭지 않습니다./ 승냥이가 와도 범이 와도 아무 일 없습니다./ 송아지들은 모두 한데 모여 한마음으로 자니까요./ 송아지들은 어려서부터도 원쑤에게 마음을 놓지 않으니까요 -「송아지들은 이렇게 잡니다」 부분, 《아동문학》, 1960. 5월호.

53) 아침에는 앞산 꿩이/ 목장에 와서 꿱꿱,/ 저녁에는 뒷산 꿩이/ 목장에 와서 꿱꿱.// 아침 저녁 꿩들이 왜 우나?/ 목장에 내려와서 왜 우나? -「앞산 꿩, 뒷산 꿩」 부분, 《아동문학》 1960. 5월호.

54) 이 이른 아침날/ 이 강기슭에서/ 살랑 바람에 붉은 넥타이 날리며/ 나무 심고 꽃 가꾸는 아이들아./ 너희들은 시방/ 정성 들여 공원을 꾸려 가누나/ 아이들아 너희들의 빨간 볼들엔/ 웃음이 그냥그냥 피여 나고/ 너희들의 입에선 멎지 않고/ 맑고 고운 노래 흘려 나오누나 -「나루터」, 《아동문학》, 1962. 5월호.

55) (Samuil Yakovlevich Marshak 1887~1964) 러시아 보로네슈서 출생했다. 소련아동문학 창시자의 한 사람으로, 번역가로서도 저명하다. 소년시절에 평론가 스타소프를 통하여 알게 된 M. 고리키에게 재능이 인정되어, 1907년부터 잡지에 시를 발표하였다. 1912년부터 1914년까지 런던대학에 유학하였고, 제1차 세계대전 중 전쟁고아 구제활동을 폈다. 1920년에 〈아이들의마을〉을 창설하고, 그 극장을 위해 아동 극본을 썼다. 러시아혁명 후 아동문학에 전력을 기울여 러시아의 아동문학 창시자의 한 사람이 되었다. 한편, 세련된 문체로 아름답고 쉬운 시어를 구사한 그의 시는 따뜻하면서도 지적이며 설득력을 지니고 있다. 그 후 고리키·K. I. 슈코프스키 등과 함께 소련 아동문학의 기초를 마련하는 데 본격적으로 나서, 최초의 시집 『우리 속의 어린이들』(1923)을 비롯하여 『서커스』, 『아이스크림』(1925) 등 간결하고 따스함이 깃들인 표현, 세련된 문체의 시와 희곡을 차례로 발표하였고 많은 아동문학가들을 길러냈다. 그 외에 아동극 『12개월』(1943), 「조용한 이야기」(1956) 등의 시, 자전(自傳) 『인생의 시작』(1960) 등 많은 작품이 있다. 1963년에 레닌상을 받았다.

간하였다. 백석은 아동문학 논쟁에서 자신의 동시를 옹호하기 위해 마르샤크를 언급했으며, 마르샤크 탄생 70주년을 맞이하여 그의 생애와 그의 문학에 대해 소개하기도 했다. 이 책은 백석의 동화시 창작에 직접적인 동기[56]가 되었을 것으로 추정된다. 백석과 마르샤크는 그들의 모국에서 내려오는 전래의 민담을 재구성하여 동화시를 창작하고 싶었다. 하지만 사회주의를 추종하는 북한과 소련의 통제 속에서 본인들이 추구했던 작품 활동을 펼칠 수 없었다.

백석은 《아동문학》, 《조선문학》, 《평양신문》, 《문학신문》 등에 동화시와 동시, 아동문학 평론[57]과 번역물, 수필 등을 다수 발표하였다. 백석은 동화의 두 가지 요소를 특히 강조했다. 이른바 '과장과 환상'이다. 백석은

---

56) 백석의 동화시집이 나오기 2년 전에 출간되었다.
57) 유년(학령 전 아동)들의 세계는 고양이와 집토끼를, 헝겊곰과 나무송아지를 동무로 생각하는 세계이다. 유년들의 세계는 셈세기를 배우는 세계이며 주위 사물의 이름들을 하나하나 외워 보는 세계이다. 유년들의 세계는 유희에서 시작하여 유희에서 끝나는 세계이며 꿈에서 시작하여 꿈에서 끝나는 세계이다. 이러한 유년층 아동들을 문학의 대상으로 하는 데는 특수한 고려가 필요한 것이다. 고리끼는 일찍이 이 연령층을 위한 문학을 말하면서 장난과 셈세기를 문학작품의 주요한 제재로 할 것과 산문보다도 시를 이 문학의 장르로 삼을 것을 주장하였다. 고리끼의 이 간단한 말에서 우리는 유년층 문학의 본질을 파악할 수가 있다. 우리는 철없는 장난꾸러기들에게 지나치게 도덕 윤리를 말할 수도 없으며, 사상을 선전할 수도 없으며, 미츄린 학설을 인식시킬 수도 없다.
 - 백석 「큰 문제 작은 고찰」 부분

사람들에게 특히 아동들에게 무엇이 좋으며 무엇이 나쁜가를, 무엇이 아름다우며 무엇이 아름답지 아니한가를, 무엇이 참되며 무엇이 참되지 아니한가를 판별하는 총명을 가르쳐주기 위하여, 세계를 인식하며 신비를 규명하며 사람의 창조적 의지를 환기시키기 위하여, 그 시계 시대의 꿈, 이상, 염원을 표현하기 위하여, 인간의 실재적인, 그리고 부단히 성장하는 위력에 대한 동경과 이상을 표현하기 위하여, 인민 대중 속에 있는 긍정적 자질들을 한 주인공에게 부여함으로써 영웅을 형상하기 위하여 모든 자연과 동물(바람, 해, 달, 물, 추위, 더위, 꽃, 열매, 범, 승냥이, 토끼 등), 그리고 인간의 손으로 창조된 모든 사물을 인격화하여 그것들을 실재물처럼 생존하게 하면서 환상적 형상 속에 사고하고 행동하게 하는 문학의 한 장르가 곧 동화이다.
그러므로 동화는 생활에 대한, 전체 세계에 대한 현실 관계에서 선량하고 심각한 윤리적 견해를 불러일으키며, 인간, 진리, 선, 아름다운 것, 자기네 인민, 영도자들에 대한 애정의 정신을 넣어주는 것으로 되는 동시에 세계, 노동, 주위의 모든 사물과 인간들에 대한 진정한 시적 관계에서 새로운 시대를 지향하는 모험심과 대담성을 고취하는 것으로 된다.
이런 의미에서 오늘 우리의 현실이 동화를 요구하는 것은 실로 타당하다고 할 것이다. 여기서 말하는 동화는 문학으로서의 동화인 바, 즉 시정과 철학적 일반화를 동반한 동화이다. 시정으로 충일되지 못한 동화는 감동을 주지 못하며, 철학의 일반화가 결여된 동화는 심각한 인상을 남기지 못한다. 이러한 동화는 벌써 문학이 아니다. 동화에 있어서 시정이라 함은, 인간과 세계에 대한 감동적 태도이며 철학의 일반화라 함은 곧 심각한 사상의 집약을 말하는 것이다.
 - 「동화 문학의 발전을 위하여」 부분 《조선문학》, 1956년 9월호

백석은 동시와 관련하여, 아동문학이 개척할 방향을 제시했다.
① 우리 아동문학에서 풍자문학 분야를 개척하자.
② 우리 아동문학에서 향토문학 분야를 개척하자.
③ 우리 아동문학에서 보다 낭만적인 분야를 개척하자.
④ 우리 아동문학에서 새로 계승되는 구전문학의 분야를 더욱 개척하자.
⑤ 영원불멸의 진리를 깨달음으로써 미래를 점치게 하자.
  - 「나의 항의, 나의 제의」《조선문학》, 1956년 9월호

동화 창작의 필요성은 무엇인가고 물을 때, 여기에 대한 대답으로는 독자들, 특히 아동들에게 그 어떤 감정을 환기시키려고 지향하는 때문이라고 할 것이다. 이 감정은 아동들의 인격을 도야하며, 사회의식을 배양하며, 앞으로 올 새시대의 좋은 역군으로 그들을 방향 지어주며, 이 방향으로 아동들의 주의를 돌리는 것이다. - 중략 -
예술 산문과 동화를 그 수법에서 구별하지 못하여, 소설에 특유한 수법을 동화에 그대로 적용하는 것이라고 할 것이다. 주인공의 장황한 성격 설정, 자연 묘사, 공통적인 관여를 떠나, 공통적인 목적에 무관계 한 감정과 심리의 서술에 그치는 대화가 그것이다. 동화는 섬세하고 경쾌한 문학 장르이어야 함에도 불구하고, 이런 수법상의 착오로 인하여 동화의 기반이 깨어지고 마는 것이다. 이것은 현실의 동화성을 감지하지 못하고 생활상의 디테일을 무수히 축적함으로써 동화문학의 자연주의에 빠져버리는 결과를 가져온다. 이것은 동화문학의 생명인 시를 느끼지 못하고, 현실을 있는 그대로 동화적 기초 위에 기계적으로 옮겨 놓음으로써 또 형식주의에 빠져버리게 되는 것이다. 이러한 경향을 우리 동화문학은 마땅히 경계하여야 할 것이다.
  - 「아동문학의 발전을 위하여」《조선문학》, 1956. 5월호

우리 아동문학에서 풍자문학 분야를 개척하자. 이렇게 하여 아동들이 웃음 속에 남의 잘못과 남의 그릇된 것을 바라보며 제 자신들의 잘못과 그릇된 것을 고치게 하자. 풍자문학은 교양의 가장 유익하고 편리한 한 방편인 동시에 이것은 교양의 가장 날카롭고 엄격한 방편이기도 하다.
우리 아동문학에서 향토문학 분야를 개척하자. 향토를 알며 향토를 사랑한다는 것은 조국애의 첫 길임을 우리는 안다. 조국을 사랑하는 사람들로 아동들을 자라게 하기 위하여 우리는 향토에 대한 사랑을 아동들에게 불어넣자. 자연 지리, 경제 지리, 역사 같은 학과 과목들이며 유적 명승 탐사, 지질 탐사, 동식물 채집 등 가지가지 직접적 간접적 방법들과 연관 있는 문학을 창조함으로써 아동들의 관심과 사랑이 향토로 돌아오게 교양함은 필요하다.
우리 아동문학에서 보다 낭만적인 분야를 개척하자. 학교와 소년단과 야영과…… 이러한 좁은 천지에서 잠을 깬 우리 아동문학은 협동조합으로, 관개공사장으로 갈 길을 떠났다. 그러나 우리의 발길은 여기로만 향하지 말자. 넓은 바다로, 높은 산으로, 깊은 굴속으로, 또는 달나라로, 별나라로 원자의 세계로 걸음을 내딛기도 하자. 이리하여 우리 아동들로 하여금 과학에 흥미를 느끼게 하는 동시에 영웅적 패기와 울발(鬱勃)하는 개척정신 속에 살게 하자.
우리 아동문학에서 새로 계승되는 구전문학의 분야를 더욱 개척하자. 오랜 인민 창작에서 우리는 새로운 창조 사업의 지반을 찾자. 우리 선대들이 남긴, 영원한 생명을 가진 인민적 문화유산을 우리들이 새로운 정신에서 계승하여 새로운 문학을 낳음으로써 아동들에게 우리네 선대 인민들의 고귀한 지혜를 가르치며 우리 민족에 대한 긍지를 가지게 하자.
영원불멸의 진리를 깨달음으로써 미래를 점치게 하자. 제 것을 모르므로 제 것을 낮추 여기며 제 것 아닌 것만을 좋다고 하는 그런 어리석은 사람들이 되지 않도록 우리 아동들을 교양하자."
- 「나의 항의, 나의 제의」-아동시와 관련하여, 아동문학의 새 분야와 관련하여,《조선문학》, 1956. 9월호

"동화에 이 두 요소가 없을 때 그 동화는 이야기이며, 오체르크[58]와 펠레톤[59]으로 떨어진다"고 했다. 문학이 인간의 정신 영역을 새로이 가꿔 품격 높은 삶의 행복과 존귀함을 깨닫게 하는 효용 가치의 관점에서 보면 백석의 초기 동화시들은 그 당시 북한 문단에서 거의 독보적인 순수 예술을 지향하는 문학성을 평가받았다.

백석의 동시에는 서사성이 강하다. 백석의 시에서 이미 낙원 회복 의지가 동심의 세계, 동화의 세계, 전설의 세계를 구현하려는 원심력으로 작용하였듯이 백석의 동시 세계 진입은 예전부터 품어 왔던 백석의 시심 깊숙이 서사의 강물이 마르지 않고 흘러 왔다는 반증이다. 이는 당대에 그 어떤 시인보다 서사가 강한 백석의 현대시에서도 여실히 입증되었다. 이와 같은 서사의 유형은 그의 동시와 동화시에서도 그대로 전이되어 표현되고 있다. 이것이 백석 동시와 동화시의 기본 서사의 골격을 형성하고 있는 것이다.

백석의 동시와 동화시는 다른 말로 대체하면 백석 시문학이 동시와 동화시로 변모하는 문학전이, 혹은 생명전이 현상이었다. 백석에게 있어 동시와 동화시의 탐구와 실행이야말로 백석의 영혼이 살아 숨 쉬는 유일무이한 숨구멍이었다. 백석의 동시와 동화시는 백석의 육체와 정신세계를 지배하는 새로운 개문이었고 새로운 출구였다.

1956년 백석은 1월에 나온 《아동문학》 제1호에 동화시 「까치와 물까치」, 「지게게네 네 형제」를 발표했다. 「까치와 물까치」에는 두 마리 까치가 등장한다. 두 까치는 서로 자기만 잘났다고 자기를 내세우며 자랑하다가 나중에는 자기가 사는 고향만 좋다고 서로 자랑한다. 그러다 나중에는 쓸데없는 자랑을 그만두자고 까치가 말하며 네 고향도 내 고향도 다 우리나라 땅이고 너도 나도 다 잘난 새라고 한다. 두 까치는 사이좋게 훨훨 날아간

---

58) ocherk, 실제로 있었던 일을 적은 문학. 예술성보다는 내용의 흥미를 앞세운다. 실화문학.
59) 사회의 부정적 현상을 야유하거나 조소하는 방법으로 비판하는 일을 뜻한다.

다. 이 작품은 특히 1956년 출간된 아동문학 창작 입문서라 할 수 있는 이원우의 『아동 문학 창작의 길』에 다음과 같이 언급되고 있다.

「까치와 물까치」에 나오는 두 까치는 서로 자기 개성을 갖고 있다. 서로 구별되는 개성의 표현은 자기를 자랑하는 과정에서 형성되었다. 이 동화시는 아동들에게 애국적 감정을 환기시키는 예술적 형상을 갖고 있는 동시에 새에 대한 관찰력과 조국 각지의 생활을 뵈여 주는 인식적 면에서도 역할을 놓고 있다.

「지게게네 네 형제」에서 '지게게'는 '집게'의 오자로 인식되기 쉽지만, 집게와 지게게는 다른 종류이다. 집게가 비어 있는 우렁이 껍질 등속의 비어 있는 물체 속에 들어가 사는 게라면 지게게는 보통의 게 모양을 하고 있으며 천적으로부터 위협을 받을 때 무엇이든지 등에 짊어져 자신의 모습을 위장하는 게다.

실제 백석이 그린 이 동화시에 나오는 게는 '집게'보다 '지게게'의 습성을 더 많이 따르고 있다. 따라서 '집게네 네 형제'라는 제목은 원래 발표 당시의 제목 그대로 '지게게네 네 형제'로 명명하는 것이 옳을 듯하다. 그런데 백석은 자신의 동화시집을 엮을 때 '집게네 네 형제'라는 제목으로 개작을 했으며, 또 그 작품을 동화시집의 표제로 삼았다. 그런데 애초 잡지에 발표한 작품과 동화시집으로 엮을 때의 작품이 몇 군데 상이한 모습을 보이고 있다.

즉, 이 작품은 제목뿐만 아니라 내용까지 개작되었는데, 가장 눈에 띄는 점은 원작에는 삼 형제가 죽을 뻔했다가 다시 살아나는 것으로 진술되고 있지만, 개작된 작품에서는 첫째, 둘째, 셋째가 각각 오뎅이, 낚시꾼, 황새에게 목숨을 잃는 것으로 그려지고 있다.

백석은 이 동화시에서 바닷가 생물들의 습성이나 특징을 소박하고 명확하면서도 간소한 언어로 형상화했으며 바닷가 생물들의 특성을 살려 예술성과 교훈성을 동시에 나타냈다. 백석은 바닷가의 생물들의 습성과 강자와 약자를 아동들에게 자연스럽게 인지하게 만드는 것도 하나의 사상성이라고 논한 바 있다. 「지게게네 네 형제」는 선과 악의 대결에서 악한 사람이 교화를 받아 선한 사람이 되어 잘 사는 것으로 우리 전래동화의 서사구조를 취하고 있으나, 「집게네 네 형제」는 악한 사람은 죽는다는 새로운 서사로 끝을 맺는다. 이는 사회주의 문학에서 아동들이 취해야 할 정신을 보여주는 것으로, 백석은 당시 북한 문학계가 조국과 인민에 대한 충성심을 요구하기 시작했기 때문에 이러한 세계를 보여준 것으로 판단된다.

「집게네 네 형제」는 발표작 「지게게네 네 형제」코다 언어, 행, 연의 반복으로 음악성을 획득하고 단순하게 묘사되었다. 백석은 소박한 언어를 사용하여 아동들에게 말의 의미와 의의를 깨우쳐 주며 말의 아름다움과 운율과 그리고 시의 음악성을 깨닫게 해 주었다. 또한 「집게네 네 형제」를 통해서 말의 단순함과 정확함을 숭상하며 말의 절약, 즉 함축을 잊지 않는 창작에 임하는 것을 볼 수 있었다. 백석은 「지게게네 네 형제」를 발표하고 난 후 동화시집을 발간하면서 제목과 내용을 수정했는데, 이는 그가 끊임없이 예술성과 당의 방침에서 고투했음을 알 수 있다.

백석은 1956년 「동화문학의 발전을 위하여」, 「나의 항의, 나의 제의」 등의 산문을 발표하였다. 그 해 12월에는 동시 「우레기」, 「굴」을 발표했다. 이후에 발표된 동화시, 동시들을 분류하여 편 수를 따져보면 동화시 13편, 동시 14편이다.

그는 1956년 10월에 열린 제2차 조선작가대회 이후 조선작가동맹 기관지 《문학신문》의 편집위원으로 위촉되었다. 또한 《아동문학》과 《조쏘문화》 편집위원을 맡으며 안정적인 창작활동의 기틀을 마련하였다. 1957

년 동화시집 『집게네 네 형제』를 정현웅[60]의 삽화를 넣어 간행하였고, 동시 「멧돼지」, 「강가루」, 「기린」, 「산양」을 발표한 뒤 격렬한 비판을 받았다. 6월에 「큰 문제, 작은 고찰」과 「아동문학의 협소화를 반대하는 위치에서」를 발표하면서 아동문학 논쟁이 본격화되었다. 1958년 8월 북한에서는 이른바 종파사건이 일어난다. 김일성은 "반혁명분자"와의 투쟁을 선언하고 사회 전 영역에 걸쳐 숙청을 단행했다. 이 피바람은 사회주의 혁명에 소극적이며 보수적 성향을 띤 지식인 계층에도 불어닥쳤다. 9월의 '붉은 편지 사건' 이후 창작과 번역 등 문학적 활동이 대부분 중단되었다.

『개구리네 한솥밥』은 남을 잘 도와준 마음씨 고운 개구리에 관한 이야기이다. 개구리가 쌀 한 말을 얻으러 형네 집에 가는 도중에 봇도랑에서 다리를 다친 참게, 논두렁에서 길을 잃은 방아개비, 땅구멍에 빠진 쇠똥구리, 풀숲 덩굴에 걸린 하늘소, 웅덩이에 빠진 반딧불이를 차례로 구해 준다.

형네 집에 도착했을 땐 이미 날이 어두워졌고, 형이 쌀 대신 준 벼 한 말은 무거워서 잘 들고 갈 수도 없었다. 그때 도움을 받았던 반딧불이가 날아와 길을 밝혀 주고, 하늘소가 와서 무거운 짐 들어 주고, 쇠똥구리가 와서 쇠똥으로 막힌 길 치워 주어 집에 무사히 도착한다. 방아개비는 벼 한 말 방아찧어 주고, 그 쌀로 참게는 흰쌀밥을 지어 준다. 서로 도와가며 쌀을 나르고 밥을 한 개구리와 친구들은 마당에 멍석을 깔고 둘러앉아 맛있게 한솥밥을 먹는다.

이 작품은 서로 도우며 살아가야 한다는 아주 평범한 진리를 보여주고 있는 작품이다. 개구리의 착한 품성은 백석이 권장하는 가장 중요한 사람

---

[60] 정현웅(1910~1976)은 일제 강점기 시절 대표적 서양화가이자 삽화가로 활동했다. 《동아일보》와 《조선일보》, 《조광》, 《여성》, 《소년》 등 신문과 잡지에 수많은 삽화와 표지화를 그렸다. 1950년 한국전쟁 과정에서 월북함으로써 오랫동안 잊혀졌으나 월북 작가 해금 및 친일 작가 명단 삭제 등 조치로 최근 재조명되고 있다.

됨의 기준이다. 상황이 어려운 다른 친구들을 돌보다가 그만 시간을 넘겨 버린 개구리와 어두운 밤에 무거운 짐을 들고 돌아오는 길에는 자신이 도와준 친구들의 도움을 받아 무사히 집으로 돌아와 사이좋게 밥을 지어먹는 모습을 통해 서로 돕고 사는 사회의 아름다움을 보여주고 있다.

    까치는 긴 꼬리 달싹거리며
    깍깍 깍깍깍 하는 말이
    "내 꼬리는 새까만 비단 댕기"
    물까치는 긴 부리 들먹거리며
    삐삐 삐리리 하는 말이
    "내 부리는 붉은 산호 동곳"
    깍깍 깍깍깍 까치 말이
    "내 집은 높다란 들메나무
    맨맨 꼭대기에 지었단다"
    삐삐 삐리리 물까치 말이
    "내 집은 바다 우 머나 먼 섬
    낭떠러지 끝에 지었단다"

    깍깍 깍깍깍 까치 말이
    "산에 산에 가지가지
    새는 많아도
    벌레를 잡는 데는
    내가 으뜸"

    삐삐 삐리리 물까치 말이
    "바다에 가지가지

물새 많아도
물 속 고기 잡는 데는
내가 으뜸"

깍깍 깍깍깍 까치 말이
나는 재간도 큰 재간 있지-
우리 산골 뉘 집에 손님 올 걸
나는 먼저 알구
알려준다누
삐삐 삐리리 물까치 말이
나두 나두 재간 있지 큰 재간 있지-
우리 개포 바다에 바람이 불 걸
나는 먼저 알구
알려준다누

깍깍 깍깍깍 까치 말이
너는 아무래야 보지 못했지
우리 산골 새로 된 협동조합에
농짝 같은 돼지를 보지 못했지

삐삐 삐리리 물까치 말이
너는 너는 아무래야 보지 못했지
물 건너 저 앞 섬 합작사에
산 같이 쌓인 조기 보지 못했지

까치는 꼬리만 달싹달싹

한동안 잠잠 말이 없더니
갑자기 깍깍깍 큰소리 쳤네-
그래 나는 우리나라 많은 곳곳에
새로 선 큰 공장 높은 굴뚝마다에
뭉게뭉게 피어나는 검은 연기 보았지

물까치는 부리만 들먹들먹
한동안 잠잠 말이 없더니
갑자기 삐리리 큰소리 쳤네-
그래 나는 우리나라 넓고 넓은 바다에
크나 큰 통통선 높은 돛대마다에
펄펄펄 휘날리는 풍어기를 보았지

그러자 까치는 자랑 그치고
기다란 꼬리를 달싹거리며

물까치야, 물까치야
서로 자랑 그만하자
너도 잘난 물새
나도 잘난 산새
너도 우리나라 새
나도 우리나라 새
우리나라 새들 다 잘났구나!
이 말 들은 물까치
자랑 그치고
기다란 부리를 들먹거리며

서로 자랑 그만하자
너도 잘난 산새
나도 잘난 물새
너도 우리나라 새
나도 우리나라 새
우리나라 새들 다 잘났구나!

바닷가 산길에서
서로 만나
저마끔 저 잘났단
자랑하던
까치와 물까치는 훨훨 날았네 –
뭍으로 바다로
쌍을 지어 날았네 –

크고도 아름답게 일떠서는
우리나라
모두모두 구경하러
훨훨 날았네
모두모두 구경하러
쌍을 지어 날았네

– 「까치와 물까치」 전문[61]

이 작품에는 두 마리 까치가 등장한다. 두 까치는 서로 자기만 잘났다

---

61) 『꽃초롱』(조선작가동맹출판사, 1956. 12. 30~34쪽.

고 자기를 내세우며 자랑하다가 나중에는 자기가 사는 고향만 좋다고 서로 자랑한다. 그러다 나중에는 쓸데없는 자랑을 그만두자고 까치가 말하며 네 고향도 내 고향도 다 우리나라 땅이고 너도 나도 다 잘난 새라고 한다. 두 까치는 사이좋게 훨훨 날아간다. 이 작품은 특히 1956년 출간된 아동문학 창작 입문서라 할 수 있는 이원우의 『아동문학 창작의 길』에 다음과 같이 언급이 되고 있다.

> 동화시 「까치와 물까치」에 나오는 두 까치는 서로 자기 개성을 갖고 있다. 서로 구별되는 개성의 표현은 자기를 자랑하는 과정에서 형성되었다. 이 동화시는 아동들에게 애국적 감정을 환기시키는 예술적 형상을 갖고 있는 동시에 새에 대한 관찰력과 조국 각지의 생활을 뵈여주는 인식적 면에서도 역할을 놓고 있다.

어느 바닷가
물웅덩이에
깊지도 얕지도 않은
물웅덩이에
지게게네 네 형제가
살고 있었네.

막냇동생 하나를
내여 놓은
지게게네 세 형제는
그 누구나
강달소라,
배꼽조개,

우렁이가
부러웠네.

그래서
맏형은
강달소라 껍지 쓰고
강달소라 흉내 내고
강달소라 행세했네.

그래서
둘째 형은
배꼽조개 껍지 쓰고
배꼽조개 흉내 내고
배꼽조개 행세했네.

그래서
셋째 형은
우렁이 껍지 쓰고
우렁이 흉내 내고
우렁이 행세했네.

그러나
막냇동생은
아무것도 아니 쓰고
아무 흉내 내지 않고
아무 행세 아니하고

지게게로 태어난 것
부끄러워 아니했네.

그런데
어느 하루
밀물이 많이 밀려
물웅덩이 밀물에
잠겨버렸네.

이때에 그만이야
강달소라 먹고 사는
이빨 세인 오뎅이가
밀물 따라
떠 들어와
강달소라 보더니만
우두둑 우두둑 깨물려 드네.

강달소라 껍지 쓰고
강달소라 흉내 내고
강달소라 행세하던
맏형 지게게는
콩만 해진 간을 쥐고
허겁지겁 벗어놨네
강달소라 껍지 벗고
겨우겨우 살아났네.

그런데
어느 하루
난데없는 낚시질꾼
성큼성큼 오더니
물웅덩이 기웃했네.

이때에 그만이야
망둥이 미끼 하는
배꼽조개 보더니만
낚시질꾼
얼른 주어
돌에 놓고 깨려 드네.

배꼽조개 껍지 쓰고
배꼽조개 흉내 내고
배꼽조개 행세하던
둘째 형 지게게는
콩만 해진 간을 쥐고
허겁지겁 벗어놨네
배꼽조개 껍지 벗고
겨우겨우 살아났네.

그런데
어느 하루
부리 굳은 황새가
진창 묻은 발 씻으러

물웅덩이 찾아왔네.

이때야 그만이야
황새가 좋아하는
우렁이 하나
기어가자
황새의 굳은 부리
우렁이를 쪼려 드네.

우렁이 껍지 쓰고
우렁이 흉내 내고
우렁이 행세하던
셋째 형 지게게는
콩만 해진 간을 쥐고
허겁지겁 벗어놨네
우렁이 껍지 벗고
겨우겨우 살아났네.

그러나
막냇동생
아무것도 아니 쓰고
아무 흉내 아니 내고
아무 행세 아니해서
오뎅이가 떠 와도
겁 안 나고
낚시질꾼 기웃해도

겁 안 나고
황새가 찾아와도
겁 안 났네.

지게게로 태어난 것
부끄러워 아니하는
막냇동생 지게게는
형들보고 말하였네-
남의 것만 좋다하고
제 것을랑 마다하니
글쎄 그게 될 말이요.

그리하여 그후부터
지게게로 태어난 것
부끄러워 아니하며
지게게네 네 형제는
평안하게 잘 살았네.

― 「집게네 네 형제」 전문

 『집게네 네 형제』의 표제작 「집게네 네 형제」의 '원전'이 되는 작품이다. 얼핏 보아 '지게게'는 '집게'의 오자로 인식되기 쉽지만, 사실 집게와 지게게는 엄연히 다른 생물이다. 집게가 비어 있는 우렁이 껍질 등속의 비어 있는 물체 속에 들어가 사는 게라면 지게게는 보통의 게 모양을 하고 있으며 천적으로부터 위협을 받을 때 무엇이든지 등에 짊어져 자신의 모습을 위장하는 게다. 실제 백석이 그린 이 동화시에 나오는 게는 '집게'보다 '지게게'의 습성을 더 많이 따르고 있다.

따라서 '집게네 네 형제'라는 제목은 원래 발표 당시의 제목 그대로 '지게게네 네 형제'로 명명하는 것이 옳을 듯하다. 그러나 무슨 이유에서인지 백석은 자신의 동화시집을 엮을 때 '집게네 네 형제'라는 제목으로 개작을 했으며, 또 그 작품을 동화시집의 표제로 삼았다. 또 한 가지 이 작품에서 살펴볼 것은 애초 잡지에 발표한 작품과 동화시집으로 엮을 때의 작품의 모습이 몇 군데 상이한 모습을 보이고 있다는 점이다.

즉, 이 작품은 제목뿐만 아니라 내용까지 개작이 된 셈인데, 가장 눈에 띄는 점은 원작에는 삼형제가 죽을 뻔 했다가 다시 살아나는 것으로 진술되고 있지만, 개작된 작품에서는 첫째, 둘째, 셋째가 각각 오뎅이, 낚시꾼, 황새에게 목숨을 잃는 것으로 그려지고 있다는 점이다.

이 작품은 자신이 집게인 것을 부끄럽게 여기고 남의 허울을 쓰고 남의 흉내를 내는 집게네 세 형제를 통해서, 자신의 정체성을 찾지 못한 채 무작정 남을 부러워하고 남의 흉내를 내는 것이 얼마나 위험한 것인가를 보여주고 있다. 나다움을 찾는 것이 삶의 진리라는 교훈을 주고 있는 것이다.

백석은 자라나는 어린이에게 자기 자신이 갖고 있는 장점을 발견하지 않고, 화려하게 보이는 남의 장점을 흉내 내는 어리석음을 일깨워 주고 있다. 우리 속담에 '뱁새가 황새 따라가다 가랑이 찢어진다'는 말에 가장 적합한 내용일 것이다.

> 사나운 주인에게
> 쫓겨나 죽은
> 불쌍한 오월이가
> 죽어서 된 이 달래,
> 세상 사람 이름 지어
> 쫓기달래.
>
> - 「쫓기달래」 부분

이 작품은 오월이가 주인집 부엌에서 배가 고파 먹으려던 쉰 찰밥 한 덩이 때문에 매 맞고 쫓겨나 엄마를 찾아 헤매다 얼어죽어 달래가 되어 세상에 다시 나온다는 이야기이다. 사나운 주인에게 쫓겨나 죽은 불쌍한 오월이가 죽어서 된 이 달래를 세상 사람들은 이름 지어 "쫓기달래"라 부르게 된다. 이는 명칭을 설명해 주는 유래담으로 볼 수 있다.

　　뼈 없던 오징어께
　　뼈 하나가 생긴 것은
　　바로 그때 일.

　　그러나 빼앗긴 뼈
　　아직까지 다 못 찾아
　　오징어는 외뼈라네.

　　살결 곱던 검복이
　　얼룩덜룩해진 것은
　　바로 그때 일.

　　오징어가 토한 먹물
　　그 몸에 온통 묻어
　　씻어도 씻어도 얼룩덜룩

　　　　　　　　　　　　　－「오징어와 검복」 부분

이 작품은 오징어와 검복이 갖고 있는 신체적 특징을 소재로 이야기를 엮어가고 있다. 상당히 긴 장시 형태로 백석의 탁월함이 돋보이는 작품이다. 잃어버린 뼈를 찾기 위하여 검복과 싸우는 오징어의 모습을 통해서 오징어와 검복이 왜 오늘날과 같은 신체적 특징(생김새)을 가지게 되었는지 설명해 주고 있는 유래담으로 볼 수 있다.

사납고 심술궂은
임금 하나 살았네.

하루는 이 임금
가재미를 불렀네,
가재미를 불러서
이런 말 했네-
(가재미야 가재미야,
하루 동안에
은어 3백 마리
잡아 바쳐라)

이 말에 가재미
능청맞게 말했네
(은어들을 잡으러
달려갔더니
그것들 미리 알고
다 달아났습니다.)

이 말 듣자 임금은
독같이 성이 나
가재미의 왼뺨을
후려갈겼네.

임금의 주먹바람
어떻게나 셌던지
가재미의 왼눈 날아
바른쪽에 가 붙었네.

임금의 주먹바람
어떻게나 셌던지
넙치의 바른눈 날아
왼쪽에 가 붙었네.

- 「가재미와 넙치」 부분

　이 작품에서 가재미와 넙치는 임금의 명을 거역한다. 도저히 실행할 수 없는 어불성설이다. 고민 끝에 이들은 능청스런 답을 한다. 화가 난 임금은 이들의 얼굴을 주먹으로 후려갈긴다. 그 후로 가재미와 넙치는 각각 오른쪽과 왼쪽에 눈이 붙게 되었다. 그래서 이 작품은 신체적 특징을 설명한 유래담으로 볼 수가 있다.

이 세상 어느 곳
새 한 마리,
재주 없고 게으른
새 한 마리는
날아가고 날아오다
눈에 띠우는
말똥덩이 바라고
내려앉네,
메추리로 여겨서

내려앉네,
들쥐로 여겨서
내려앉네.

재주 없고 게으른
새 한 마리
말똥덩이 타고 앉아
쿡쿡 쪼으며
멋없이 성이 나
중얼대는 말-
(털이나 드문드문
났으면 좋지,
피나 쭐쭐
꼴으면 좋지!)

이때에 지나가던
뭇새들이
이 꼴이 우스워
내려다보며
서로 지껄여
비웃어 주는 말-
(재주 없고 게으르고
말똥만 쫓는
네 이름 다름 아닌
말똥굴이.)

- 「말똥굴이」 부분

이 작품에 등장하는 새는 독수리나 다른 매처럼 사냥에 능하지 못하다. 그리고 부지런하지 못하다. 늘 말똥 위에 앉아 자신의 신세 한탄만 한다. 뭇새들은 이를 비웃으며 놀려 댄다. 그 후 이새는 말똥굴이라는 이름을 갖게 된다. 이 또한 「쫓기달래」와 같은 명칭 유래담으로 볼 수 있겠다.

준치는 옛날엔
가시 없던 고기
준치는 가시가
부러웠네,

고기들을 찾아가
준치는 말했네
가시를 하나씩만
꽂아 달라고
고기들은 준치를
반겨 맞으며
준치가 달라는
가시 주었네,
저마끔 가시들을
꽂아 주었네.
— 중략 —

그러나 고기들의
아름다운 마음!
가시 없던 준치에게
가시를 더 주려

달아나는 준치의
　　꼬리를 따르며
　　그 꼬리에 자꾸만
　　가시를 꽂았네,
　　그 꼬리에 자꾸만
　　가시를 꽂았네.

　　이때부터 준치는
　　가시 많은 고기,
　　꼬리에 더욱이
　　가시 많은 고기.

- 「준치가시」 부분

　준치는 늘 가시가 있는 물고기들을 부러워한다. 어느 날 물고기들을 찾아가 가시를 달라고 한다. 마음씨 착한 물고기들은 준치에게 가시를 꽂아 준다. 준치는 이에 만족해 하지만 물고기들은 더 많은 가시를 주려 한다. 부담을 느낀 준치는 달아나지만 물고기들이 계속 쫓아와 가시를 꽂아 준다.
　그래서 특별히 꼬리 부분에 가시가 많게 되었다. 이 작품은 준치가 왜 가시가 생기게 되었고, 꼬리 부분에 가시가 더 많은지를 설명한 유래담으로 볼 수 있다.

　　해 저물어
　　일 끝내고
　　아들 총각 돌아왔네.
　　오조 멍석

간 곳 없고
늙은 어미
쓰러졌네.

오소리의 한 짓인 줄
아들 총각 알아채고
슬프고 분한 마음
산길로 달려갔네,
오소리네 집을 찾아
뒷산으로 달려갔네.
- 중략 -

이때 바로 아들 총각
오소리께 달려들어
통 배지개 들어
거꾸로 메쳤네.

그러자 오소리는
콩 하고 곤두박혀
네 다리 쭉 펴며
피두룩 죽고 말았네
- 중략 -

백 년 묵은 오소리
둘러 메쳐 죽였으니
쌀 빼앗긴 사람

쌀 찾아가고,
옷 빼앗긴 사람
옷 찾아가라고.

그리고 땅속 깊이
고래 같은 기와집은
땅 위로 헐어내다
여러 채 집을 짓고
집 없는 사람들게
들어 살게 하였네.

- 「산골총각」 부분

  이 작품은 산골 총각이 툭 하면 산을 내려와 양식을 훔쳐가고 사람을 헤꼬질하는 오소리를 찾아가서 오소리가 죽을 때까지 싸워서 이긴다는 이야기이다.
  어느 산골에 한 총각과 어머니가 살고 있었다. 그리고 집 뒤 높은 산에는 땅속 깊이 고래 같은 기와집에 백 년 묵은 오소리가 살고 있었다. 오소리는 가난한 사람의 옷과 쌀을 빼앗아 잘살았다. 어느 날 아들 총각은 밭으로 일하러 가며 늙은 어미에게 멍석을 보고 있으라고 했다. 그러자 얼마 가지 않아 뒷산 오소리가 내려와서 멍석을 말아 등에 지고 가려고 하였다. 늙은 어미가 죽을힘을 다 써 가며 소리를 질렀지만, 오소리의 뒷발에 차여서 쓰러지고 말았다. 해가 지고 아들 총각이 돌아오자 멍석은 사라졌고 늙은 어미는 쓰러져 있었다. 총각은 오소리 짓인 줄 알고 오소리 집을 찾아간다.
  오소리는 양식을 약탈해 가는 녀석이고, 일은 하지 않으면서 고래 같은 기와집에 사는 녀석이다. 산골 총각이 어렵게 마련한 오조 멍석을 통

째로 훔쳐 간 오소리에게 달려들어 싸우지만 역부족이다. 여기저기 수소문해 오소리를 이기는 법을 배우지만 번번이 실패한다. 하지만 산골 총각은 좌절하지 않고 새로운 싸움 방법을 터득해 간다. 그렇게 몇 번이고 싸운 끝에 산골 총각은 오소리를 이기게 된다. 이렇게 산골 총각은 오소리가 훔쳐간 곡식을 자신의 힘으로 찾았을 뿐만 아니라 남들이 잃어버린 것까지 찾아주게 되었다. 「산골총각」은 인간과 오소리의 적대 관계를 그리고 있다.

어느 때 어느 곳에
배꾼 하나 살았네,
하루는 난바다에
고기잡이 나갔더니
센바람에 돛 꺾이고
큰 물결에 노를 앗겨
바람 따라 물결 따라
밤낮 없이 떠 흘렀네.
- 중략 -

그러자 난데없는
새 세 마리 날아왔네.

한 새는 고물 밀고
한 새는 이물 끌고
또 한 새는 뱃전 밀어
어느 한 섬 다달았네.
- 중략 -

그러자 이 배꾼은
걱정 근심 하나 없이
들물 따라 썰물 따라
그물질을 나갔다네,
도요새가 알리는
소리 듣고

그러자 이 배꾼은
걱정 근심 하나 없이
돛을 달고 노를 저어
먼 바다에 배질했네
톱새가 잘라 놓은
돛대와 노로

그러자 이 배꾼은
걱정 근심 하나 없이
무채나물 외채나물
저녁 찬도 맛있었네,

쑥쑥새가 썰어 무친
채나물로

- 「배꾼과 새 세 마리」 부분

이 작품은 배꾼이 바다에 나갔다가 배가 난파되어 죽을 고비에 처했을 때 새들이 나타나 도움을 준다는 이야기이다. 먼저 톱새는 돛대와 노가 없어 걱정하는 배꾼에게 열심히 톱질을 해 그물질을 할 수 있도록 도와준다. 도요새는 들물, 썰물을 몰라 걱정하는 배꾼에게 도요 도요 외치며 배질을 할 수 있도록 도와준다. 쑥쑥새는 무채, 외채 없어 걱정인 배꾼에게 쑥쑥쑥 채 썰어 저녁 찬을 맛있게 먹을 수 있도록 도와준다는 이야기로 인간과 새의 우호 관계를 그리고 있다.

    옛날 어느 곳에
    개구리 하나 살았네,
    가난하나 마음 착한
    개구리 하나 살았네

    하루는 이 개구리
    쌀 한 말을 얻어 오려
    벌 건너 형을 찾아
    길을 나섰네.

    개구리 덥적덥적
    길을 가노라니
    길가 보도랑에
    우는 소리 들렸네.

    개구리 닁큼 뛰어
    도랑으로 가 보니
    소시랑게 한 마리
    엉엉 우네.

    소시랑게 우는 것이

가엾기도 가엾어
개구리는 뿌구국
물어보았네-
"소시랑게야
너 왜 우니?"

소시랑게 울다 말고
대답하였네-
"발을 다쳐
아파서 운다."

개구리는 바쁜 길
잊어버리고
소시랑게 다친 발
고쳐 주었네.

개구리 또 덥적덥적
길을 가노라니
길 아래 논두렁에
우는 소리 들렸네.

개구리 닁큼 뛰어
논두렁에 가 보니
방아다리 한 마리
엉엉 우네.

방아다리 우는 것이
가엾기도 가엾어
개구리는 뿌구국
물어보았네-
"방아다리야
너 왜 우니?"

방아다리 울다 말고
대답하는 말-
"길을 잃고
갈 곳 몰라 운다."

개구리는 바쁜 길
잊어버리고
길 잃은 방아다리
길 가리켜주었네.

개구리 또 덥적덥적
길을 가노라니
길 복판 땅구멍에
우는 소리 들렸네.

개구리 닁큼 뛰어
땅구멍에 가 보니
소똥굴이 한 마리
엉엉 우네.

소똥구리 우는 것이
가엾기도 가엾어
개구리는 뿌구국
물어보았네―
"소똥굴이야
너 왜 우니?"

소똥굴이 울다 말고
대답하는 말―
"구멍에 빠져
못 나와 운다."

개구리는 바쁜 길
잊어버리고
구멍에 빠진 소똥굴이
끌어내 줬네.

개구리 또 덥적덥적
길을 가노라니
길섶 풀숲에서
우는 소리 들렸네.

개구리 닁큼 뛰어
풀숲으로 가 보니
하늘소 한 마리
엉엉 우네.

하늘소 우는 것이
가엾기도 가엾어
개구리는 뿌구국
물어보았네-
"하늘소야,
너 왜 우니?"

하늘소 울다 말고
대답하는 말-
"풀대에 걸려
가지 못해 운다."

개구리는 바쁜 길
잊어버리고
풀에 걸린 하늘소
놓아주었네.

개구리 또 덥적덥적
길을 가노라니
길 아래 웅덩이에
우는 소리 들렸네.

개구리 닁큼 뛰어
물웅덩이 가 보니
개똥벌레 한 마리
엉엉 우네.

개똥벌레 우는 것이
가엾기도 가엾어
개구리 뿌구국
물어 보았네 –
"개똥벌레야
너 왜 우니?"

개똥벌레 울다 말고
대답하는 말 –
"물에 빠져
나오지 못해 운다."

개구리는 바쁜 길
잊어버리고
물에 빠진 개똥벌레
건져주었네.

발 다친 소시랑게
고쳐주고,
길 잃은 방아다리
길 기리켜주고,
구멍에 빠진 소똥굴이
끌어내 주고,
풀에 걸린 하늘소
놓아주고,
물에 빠진 개똥벌레

건져내 주고……

착한 일 하노라고
길이 늦은 개구리,
형네 집에 왔을 때는
날이 저물고,
쌀 대신에 벼 한 말
얻어서 지고
형네 집을 나왔을 땐
저문 날이 어두워,
어둔 길에 무겁게
짐을 진 개구리,
디퍽디퍽 걷다가는
앞으로 쓰러지고
디퍽디퍽 걷다가는
뒤로 넘어졌네.

밤은 깊고 길을 멀고
눈앞은 캄캄하여
개구리 할 수 없이
길가에 주저앉아
어찌할까 이리저리
걱정하였네.

그러자 웬일인가,
개똥벌레 윙하니

날아오더니
가쁜 숨 허덕허덕
말 물었네-
"개구리야, 개구리야
무슨 걱정 하니?"

개구리 이 말에
뿌구국 대답했네-
"어두운 길 갈 수 없어
걱정한다."
그랬더니 개똥벌레
등불 받고 앞장서,
어둡던 길 밝아졌네.

어둡던 길 밝아져
개구리 가기 좋으나
등에 진 짐 무거워
등은 달고
다리 떨렸네.

개구리 할 수 없이
길가에 주저앉아
어찌할까 이리저리
걱정하였네.

그러자 웬일인가

하늘소 씽하니
날아오더니
가쁜 숨 허덕허덕
말 물었네-
"개구리야, 개구리야
무슨 걱정 하니?"

개구리 이 말에
뿌구국 대답했네-
"무거운 짐 지고 못 가
걱정한다."

그랬더니 하늘소
무거운 짐 받아 지고
개구리 뒤따랐네.

무겁던 짐 벗어 놓아
개구리 가기 좋으나,
길 복판에 소똥 쌓여
넘자면 굴어나고
돌자면 길 없었네.

개구리 할 수 없이
길가에 주저앉아
어찌할까 이리저리
걱정하였네.

그러자 웬일인가
소똥굴이 횡하니
굴러오더니
가쁜 숨 허덕허덕
말 물었네-
"개구리야, 개구리야
무슨 걱정하니?"

개구리는 이 말에
뿌구국 대답했네-
"소똥 쌓여 못 가고
걱정한다."

그랬더니 소똥굴이
소똥 더미 다 굴리어,
막혔던 길 열리었네.

막혔던 길 열리어
개구리 잘도 왔으나,
얻어 온 벼 한 말을
방아 없이 어찌 찧나?
방아 없이 어찌 쓿나?
개구리 할 수 없이
마당가에 주저앉아
어찌할까 이리저리
걱정하였네.

그러자 웬일인가
방아다리 껑충
뛰어오더니
가쁜 숨 허덕허덕
말 물었네-
"개구리야, 개구리야
무슨 걱정하니?"

개구리 이 말에
뿌구국 대답했네-
"방아 없어 벼 못 찧고
걱정한다."

그랬더니 방아다리
이 다리 찌꿍 저 다리 찌꿍
벼 한 말을 다 찧었네.

방아 없이 쌀을 찧어
개구리는 기뻤으나
불을 땔 장작 없어
쓿은 쌀을 어찌하나,
무엇으로 밥을 짓나!

개구리 할 수 없이
문턱에 주저앉아
어찌할까 이리저리

걱정하였네.

그러자 웬일인가
소시랑게 비르륵
기어오더니
가쁜 숨 허덕허덕

말 물었네-
"개구리야, 개구리야
무슨 걱정 하니?"

개구리 이 말에
뿌구국 대답했네-
"장작 없어 밥 못 짓고
걱정한다."

그랬더니 소시랑게
풀룩풀룩 거품 지어
흰 밥 한솥 잦히었네.

장작 없이 밥을 지은
개구리는 좋아라고
뜰악에 멍석 깔고
모두들 앉히었네.

불을 받아 준

개똥벌레,

짐을 져다 준

하늘소,

길을 치워 준

소똥굴이,

방아 찧어 준

방아다리,

밥을 지어 준

소시랑게,

모두모두 둘러앉아

한 솥 밥을 먹었네.

- 「개구리네 한솥 밥」 전문

「개구리네 한솥 밥」은 개구리가 만나는 동물마다 유사한 사건 전개의 반복적 구조 속에서-이러한 반복적 구조는 셈세기와도 연관된다. 사용되는 적절한 의성의태어의 사용과 더불어 동물이 달라질 때마다 각각의 특징을 간명하게 이해할 수 있게 하는 표현을 통하여 교훈적 내용을 담아내는 구조이다.

밤은 깊고 길은 멀고 눈앞은 캄캄하여	어둡던 길 밝아져 **개구리 가기 좋으나** 등에 진 짐 무거워 등은 달고 다리 떨렸네.	무겁던 짐 벗어 놓아 **개구리 가기 좋으나** 길 복판에 소똥 쌓여 넘자면 굴 나오고, 돌자면 길 없었네.	막혔던 길 열리어 개구리 잘도 왔으나 얼어 온 벼한 말을 방아 없이 어찌 찧나? 방아 없이 어찌 쓸나?	방아 없이 쌀을 찧어 **개구리는 기뻤으나** 불을 땔 장작 없어 쓸은 쌀을 어찌하나, **무엇으로 밥을 짓나?**
개구리 할 수 없이 길가에 주저앉아 **어찌할까 이리저리 걱정하였네.**	개구리 할 수 없이 길가에 주저앉아 **어찌할까 이리저리 걱정하였네.**	개구리 할 수 없이 길가에 주저앉아 **어찌할까 이리저리 걱정하였네.**	개구리 할 수 없이 마당가에 주저앉아 어찌할까 이리저리 걱정하였네.	개구리 할 수 없이 문턱에 주저앉아 **어찌할까 이리저리 걱정하였네.**

그러자 웬일인가, 개똥벌레 윙하니 날아오더니 가쁜 숨 허덕허덕 말 물었네-	그러자 웬일인가, 하늘소 씽하니 날아오더니 가쁜 숨 허덕허덕 말 물었네-	그러자 웬일인가, 소똥굴이 횡하니 굴러오더니 가쁜 숨 허덕허덕 말 물었네-	그러자 웬일인가, 방아다리 껑충 뛰어오더니 가쁜 숨 허덕허덕 말 물었네-	그러자 웬일인가, 소시랑게 비르륵 기어오더니 가쁜 숨 허덕허덕 말 물었네-
(개구리야, 개구리야 무슨 걱정 하니?)	(개구리야, 개구리야 무슨 걱정 하니?)	(개구리야, 개구리야 무슨 걱정 하니?)	(개구리야, 개구리야 무슨 걱정 하니?)	(개구리야, 개구리야 무슨 걱정 하니?)
개구리 이 말에 뿌구국 대답했네-	개구리 이 말에 뿌구국 대답했네-	개구리 이 말에 뿌구국 대답했네-	개구리 이 말에 뿌구국 대답했네-	개구리 이 말에 뿌구국 대답했네-
(어두운 길 갈 수 없어 걱정한다.)	(무거운 짐 지고 못가 걱정한다.)	(소똥 쌓여 못 가고 걱정한다.)	(방아 없어 벼 못 찧고 걱정한다.)	(장작 없어 밥 못 짓고 걱정한다.)
그랬더니 개똥벌레 등불 받고 앞장서, 어둡던 길 밝아졌네.	그랬더니 하늘소 무거운 짐 받아 지고, 개구리 뒤따랐네.	그랬더니 소똥굴이 소똥 더미 다 굴려어, 막혔던 길 열리었네.	그랬더니 방아다리 이 다리 찌꿍 저 다리 찌꿍, 벼 한 말을 다 찧었네.	그랬더니 소시랑게 풀룩풀룩 거품 지어 흰밥 한 솥 짖히었네.

— 벽석, 「개구리네 한솥 밥」 일부[62]

「개구리네 한솥 밥」은 개구리가 빈손으로 양식을 구하러 가는 길에 만나 도와주었던 곤충들을 양식을 구해 집으로 돌아오는 길에 다시 만나서 도움을 받는 이중적 반복 구조로 이루어져 있다. 개구리가 양식을 얻으러 가는 길에 개똥벌레, 하늘소, 소똥굴이, 방아다리, 소시랑게를 만나 차례로 도움을 주고, 양식을 얻어 돌아올 때는 소시랑게, 방아다리, 소똥굴이, 하늘소, 개똥벌레가 차례로 나타나 도움을 준다는 내용이다.

각 곤충의 생태적 특징을 명확하고도 간단하게 나타내는 시어들을 사용함으로써 아동이 그 특징을 유희적으로 인식할 수 있도록 하면서도 서로 돕고 사는 교훈적 이야기의 내용을 웃음으로 감싸고 있다. 이것은 백석이 주장했던 바 계몽 및 교양과 웃음의 관계에 대한 기술에서도 분명히 드러난다. 그는 「큰 문제 작은 고찰」이라는 평문에서 계몽 및 교양과 웃음의 관계를 다음과 같이 구체적으로 기술하고 있다.

---

[62] 진한 글씨는 반복되는 부분을 표시함.

계몽과 웃음의 관계를 구체적인 작품의 내용으로 밝혀 보기로 하자. 할아버지 메기에게는 굵고 긴 수염이 넷, 손자 메기에게는 가늘고 작은 수염이 넷인데 이것은 손자 메기가 할아버지 메기의 흉내를 내는 것이라고 할 때, 여기서는 웃음 속에서 유년들에게 메기라는 물고기의 이름을 가르쳐 주고, 또 그 메기의 형태를 셈을 세기에 기초하여 가르칠 수가 있는 것이다. 개구리는 바지를 입었는데 그 바지는 새파란 빛나는 바지를 입었다고 할 때, 여기서는 웃음 속에 얼룩개구리의 형태를 가르칠 수가 있으며 (- 중략 -)

교양과 웃음의 관계를 구체적인 작품의 내용에서 밝혀 보기로 하자. 얼굴이며 손발을 씻기 싫어하는 아이는 하루아침 강아지로 되어 버린다고 할 때 여기서는 아이들에게 몸을 깨끗이 해야 한다는 교양의 목적이 이루어지며 어머니의 치마에 버섯이 하나 돋아서 어머니가 부엌으로 갈 때도 치마 위에 붙어 들어오고 한다고 할 때 여기서는 웃음 속에 어머니에 매달려만 다니며 혼자 놀기 싫어하는 아이에 대한 교양의 목적이 이루어졌다고 할 것이며, 어두운 밤 방 안에서 어마어마하니 큰 사람의 눈이 번득거린다고 생각한 아이가 아침에 깨어 보니 그것은 선반 위에 얹힌 여행 가방의 두 자물쇠 판이라고 하였을 때, 여기서는 웃음 속에 겁 많은 아이에 대한 교양의 목적이 이루어졌다고 할 것이다.[63]

「개구리네 한솥 밥」은 서로 도우며 살아가야 한다는 아주 평범한 진리를 보여주고 있는 작품이다. 개구리의 착한 품성은 백석이 권장하는 가장 중요한 사람됨의 기준이다. 상황이 어려운 다른 친구들을 돌보다가 그만 시간을 넘겨버린 개구리와 어두운 밤에 무거운 짐을 들고 돌아오는

---

[63] 백석(1957년 6월), 「큰 문제 작은 고찰」, 조선문학, 김재용 엮음(2012) 앞의 책, 439쪽.

길에는 자신이 도와준 친구들의 도움을 받아 무사히 집으로 돌아와 사이 좋게 밥을 지어 먹는 모습을 통해 서로 돕고 사는 사회의 아름다움을 보여주고 있다. 백석은 개구리와 같은 인간형이 바로 사회주의적 인간형이라고 생각했는지 모른다. 이런 품성을 가진 인간이 대우를 받는 사회가 진정 아름다운 사회일 것이다.

> 그러자 밭임자 영감/ 두―두― 소리쳤네.//
> 그 소리 듣고/ 멧돼지가 먼저 달아났네.//
> 그 뒤로 곰이 달아났네.//
> 그러나 귀머거리 너구리/ 그 소리 들리지 않아/
> 꿈쩍도 아니 하고/ 뚝하고 한 이삭/ 뚝하고 두 이삭/
> 강냉이만 따 먹었네,/ 그러면서 하는 말/ (달아나긴 왜들 달아나?)//
> – 중략 –
> 이리하여/ 귀먹은 도적놈은/ 귀밝은 도적놈들 속에서/
> 겁 없고 용감한/ 첫째가는 도적놈 되었네.//
> – 중략 –
> 바로 그 눈앞에/ 몽둥이 든 사람들/ 개들을 앞세우고/ 오는 것 보자./
> 그만이야 맨 먼저/ 질겁을 하며/ 네 발이 떠서 도망쳤네.//
> 귀머거리 겁쟁인 줄/ 꿈에도 모르고/ 너구리를 대장 삼고/
> 싸우러 나왔던/ 산짐승들 이때에야/
> 깨닫고 한했네–/ (귀머거리 겁쟁이/ 너구리를 대장 삼은/
> 우리들이 얼마나/ 어리석은가!)//
>
> – 「귀머거리 너구리」 부분

어느 날 밤 마을 가까운 강냉이밭에 곰도, 멧돼지도, 귀머거리 너구리도, 다 함께 내려와 강냉이를 따 먹었네.	어느 날 밤 마을 가까운 모밀밭에 오소리도, 노루도, 귀머거리 너구리도 다 함께 내려와 메밀을 훑어 먹었네.	어느 날 밤 마을 끝에 놓인 그 뉘집 닭의 홰에 여우도 삵이도 귀머거리 너구리도 다 함께 내려와 닭을 채려 하였네.
그러자 밭임자 영감 두- 두- 소리쳤네.	그러자 밭임자네 개들이 컹- 컹- 짖어댔네.	그러자 안방 마나님 탕! 하고 방문 열었네.
그 소리 듣고 멧돼지가 먼저 달아났네, 그 뒤로 곰이 달아났네, 그러나 귀머거리 너구리 그 소리 들리지 않아 꿈쩍도 아니 하고 뚝하고 한 이삭 뚝하고 두 이삭 강냉이만 따 먹었네, 그러면서 하는 말 (달아나긴 왜들 달아나?)	그 소리 듣고 오소리가 먼저 달아났네, 그 뒤로 노루가 달아났네, 그러나 귀머거리 너구리 그 소리 들리지 않아 꿈쩍도 아니 하고 접접하고 한 입 접접하고 두 입 모밀만 훑어 먹었네, 그러면서 하는 말 (달아나긴 왜들 달아나?)	그 소리 듣고 여우가 먼저 달아났네, 그 뒤로 삵이가 달아났네, 그러나 귀머거리 너구리 그 소리 들리지 않아 꿈쩍도 아니 하고 이리 쿡쿡 저리 쿡쿡 닭 냄새만 맡았네, 그러면서 하는 말 (달아나긴 왜들 달아나?)
멧돼지와 곰은 달아나며 생각했네- 너구리는 저희들보다 겁 없고 용감하다고.	오소리와 노루은 달아나며 생각했네- 너구리는 저희들보다 겁 없고 용감하다고.	여우와 삵이는 달아나며 생각했네- 너구리는 저희들보다 겁 없고 용감하다고.
이리하여 귀밝은 도적놈들 귀먹은 도적놈들 우러러 보았네.	이리하여 귀밝은 도적놈들 귀먹은 도적놈들 우러러 보았네.	이리하여 귀밝은 도적놈들 귀먹은 도적놈들 우러러 보았네.

산짐승들이 귀머거리 너구리를 대장으로 삼아 마을 사람들과 싸우는데 너구리는 '몽둥이 든 사람들/ 개들을 앞세우고/ 오는 것 보자,/ 그만이야 맨 먼저/ 질겁을 하며' 도망친다는 이야기이다.

이 동화시에서 백석은 귀머거리 너구리를 풍자하면서 동시에 귀 밝은 동물의 어리석음을 해학적으로 그리고 있다. 너구리가 소리를 듣지 못하는 것을 시적으로 해석하면 사리분별이 어두운 어리석음을 의미한다고 볼 수 있다. 자신의 불완전함을 알지 못하고 용감하다고 스스로 착각하는 너구리의 행동이 반복되면서 희화화된다. 세상에는 이런 부류의 사람들이 존재한다.

 독자는 너구리의 반복되는 착각을 보며 우스꽝스러움을 느끼고 웃게 된다. 그와 함께 다른 동물들도 실제 상황을 파악하지 못하고 너구리를 우러러보다가 낭패를 당하는 모습으로 그려짐으로써 어리석고도 불쌍하게 그려진다. 풍자와 해학이 뒤섞여 읽는 재미를 주는 작품이다.

  이런 메기는
  그 언제나
  용이 돼서 하늘로
  오르고만 싶었네.

  하루는 이 메기
  꿈을 꾸었네-
  - 중략 -

  설레는 물속에서
  푸른 실, 붉은 실
  입에 물고
  하늘로 둥둥
  높이 올랐네.

  그러자 꿈을 깬
  메기의 생각엔-
  이것은 분명

용이 될 꿈.
- 중략 -

꿈에 물은 붉은 실
붉은 지렁이,
꿈에 물은 푸른 실
푸른 낚싯줄,
꿈에 둥둥 하늘로
오른 그대로
낚싯줄에 둥둥 달려
메기 올랐네.

어리석고 헛된
꿈을 믿어
용이 되려 바다로
내려왔다가
낚시에 걸려
죽게 된 메기

- 「어리석은 메기」 부분

 이 작품은 자신의 삶에 만족하지 못하고 용이 되고 싶어 하는 메기의 이야기다. 어리석은 메기는 꿈을 잘못 해석하여 강을 따라 내려가다 늙은 숭 어의 충고(낚시에 걸릴 꿈)를 잊고 배가 고파 지렁이와 낚싯줄을 덥석 물어 죽게 된다는 이야기이다.
 꿈속에 푸른 실, 붉은 실을 물고 하늘로 둥둥 높이 오르는 꿈은 용이 되는 꿈이 아니라, 붉은 지렁이와 푸른 낚싯줄을 물어 낚시에 걸린 채 푸

덕거릴 꿈이었던 것이다.

　백석은 이 작품을 통해 인간의 지나친 허욕이 자신의 비극적 삶까지 초래할 수 있음을 경고하고 있다.

　　어느 깊은 산골짝
　　빽빽한 나무판에
　　나무 동무 일곱 동무
　　사이 좋게 살아갔네.
　　– 중략 –

　　저희들이 태어난
　　니 나라에서
　　저희들의 힘대로
　　저희들의 원대로
　　나라 위해 일하려
　　마음 먹었네.
　　– 중략 –

　　그는 나무들을
　　부르러 온 사람,
　　나라에 몸 바칠 나무
　　부르러 온 사람,
　　나무들을 모아 놓고
　　그는 말했네–

　　(원수들과 싸우고 난

나라에서는
나와서 일할 나무
기다리오,
전선대가 될 나무,
배판장이 될 나무,
동발 괴목이 될 나무,
문짝 연장이 될 나무,
그리고 종이가 될 나무를
간절히 기다리오.)
- 중략 -

그리하여 분비나무는
넓고 넓은 서해 바다
중선배의 배판장 되어
농어, 민어, 조기, 달째
가지가지 고기 생선
그 팔로 실어 나르네.
- 중략 -

이리하여 어느 산골
나무 동무 일곱 동무
언제나 꿈꾸며 바라던 대로
나라 위해 몸과 마음 바쳐 일하네.

- 「나무 동무 일곱 동무」 부분

이 작품에 등장하는 일곱의 나무들은 저마다 되고 싶었던 꿈이 있었지만, 나라가 위험에 처하자 꿈을 접어버린다. 그리고 전쟁에 임해서는 자신의 역할을 다하여 결국 적을 무찌르고 평화가 오자 자신의 꿈을 이루었다. 해방 후 복구사업을 위해 나무 동무 일곱 동무가 제각기 자기가 되고 싶었던 일을 하게 된다.

이 작품은 동화시 중 「쫓기달래」와 함께 식물이 등장하는 작품이다. 나무를 의인화시켜서 애국심을 고취하려는 내용으로 되어 있다.

백석은 1940년 1월 만주 신징(新京)에서 생활하며 주말마다 근교의 러시아인 마을을 다니며 러시아인들과도 교류했다. 그는 일본어는 물론 중국어와 러시아어에도 능통했다. 백석은 김소월과 정지용이 다져 놓은 현대시의 기틀 위에서 새로운 시의 문법을 세움으로써 한국 시의 영역을 넓히는 데 기여했다. 평안도와 함경도 방언을 비롯한 여러 지역의 언어들을 시어로 끌어들이고 고어와 토착어를 빈번하게 사용함으로써 시어의 영역을 넓히고 모국어를 확장시켰으며, 시를 쓸 수 없는 상황이 되자 동화시라는 새로운 장르에 천착했다.

백석의 시는 형태적인 측면에서도 정제된 운율이 있는 전통적인 서정시 형식 대신 이야기 구조를 갖춘 서사 지향적인 시를 보여준다. 이때 '이야기 구조'는 서사 양식처럼 사건의 서사적 진행에 초점을 맞추는 것이 아니라 장면 묘사와 서술에 그 중심이 놓여 있다. 이러한 이야기 구조의 시는 그가 동화시를 쓰는 데에도 영향을 끼쳤다.

백석은 8·15 해방 후 조만식[64]의 부름을 받고, 평양에 머무르면서 비서 겸 러시아어 통역으로 조만식을 도왔다. 조만식이 연금당한 이후로는 시를 쓰는 대신 아동문학을 연구했다. 1950년대 초만 해도 북한 문예계에서 권위를 인정받는 러시아 문학 번역가로 활동하면서 아동문학가로 활동했다. 백석은 동시도 몇 편 썼지만 동화시 창작에 더 정성을 쏟았다. 백석의 동화시는 마르샤크의 영향을 받았다.

마르샤크의 『동화시집』과 백석의 『집게네 네 형제』는 비슷한 편수의 창작시가 수록되어 있고, 삽화를 시와 함께 배치한 점이라든가 전래동화를 시로 형상화한 점 등 시집의 체제나 구성에서 유사성을 보인다. 하지만 그에 못지않게 차이점도 보인다. 마르샤크의 『동화시집』의 경우, 동물이 등장하는 우화적 성격의 시보다는 인물이 등장하는 시들이 더 많은 비중을 차지하는 데 비해, 백석의 『집게네 네 형제』에는 인물이 등장하는 시보다 동물이 등장하는 동물 유래담이나 우화적 성격의 시들이 훨씬 더 많다. 또한 마르샤크의 『동화시집』은 백석의 『집게네 네 형제』보다 풍자적 성격이 더 강하고 사회주의체제의 이념을 드러낸 시들도 더 높은 비중을 차지한다.

---

64) 조만식은 백석이 다닌 오산고보 교장이었다. 조만식은 백설을 이렇게 회고한다. "내가 아는 백석은 성적이 반에서 3등 정도였으며 문학에 비범한 재주가 있었다. 특히 암기력이 뛰어나고 영어를 잘했다. 회화도 썩 잘해 선생들에게 칭찬을 받았다. 백석은 용모도 준수했지만 나이가 어린 편이었다.(나이가 어렸지만 용모도 출중하고 재주가 비범했다.) 백석은 부친을 닮아 성격이 차분했고 친구가 거의 없었다.

제3부
동화시 창작의 길잡이

1. 동화를 동화시로 바꾸기
2. 동화책을 동화시로 바꾸기
3. 이솝 우화를 동화시로 바꾸기
4. 동화시 감상

1. 동화를 동화시로 바꾸기

〈동화〉
허수아비가 된 게으름쟁이
　박상재

　국사봉 기슭, 농사짓는 마을에 지독한 게으름쟁이가 살고 있었습니다. 마을 사람들은 그를 허수 아버지라고 불렀습니다. 왜냐하면, 그의 아들 이름이 허수였으니까요. 그는 아무리 바쁜 농사철이 되어도 손끝 하나 까딱하지 않고 놀려고만 했습니다.
　허수네는 할아버지 때부터 마을에서 제일가는 부자였습니다.
　아들이 하나밖에 없던 허수 할아버지는 허수 아버지를 무척이나 귀하게 여겼습니다. 그래서 어렸을 때부터 잔심부름 한번 시키지 않고 편하게만 키워 왔습니다.
　허수 아버지는 놀고 먹기만을 좋아하게 되었습니다. 그래서 결국 그 많던 논과 밭도 술과 노름으로 다 날려보내고, 이제는 집 근처에 있는 논 몇 마지기만을 가지게 되었습니다.
　허수 할아버지는 뒤늦게야 정신을 차리고 아들의 버릇을 고쳐 보려 했습니다. 하지만 좀처럼 고칠 수가 없었습니다.
　'내가 땀 흘리며 일하면 제 녀석도 마지못해 따라하겠지.'
　이렇게 생각한 허수 할아버지는 이른 아침부터 저녁 늦게까지 논에 나가 일을 했습니다. 하지만 아들의 버릇은 역시 마찬가지였습니다.
　허수 할아버지는 할 수 없이 허수와 허수 어머니와 함께 열심히 농사를 지었습니다.
　땀 흘려 일한 보람으로 허수네 논의 벼들은 무럭무럭 자라나 이삭이 패고 여물어 가기 시작했습니다. 그러자 허수 할아버지는 게으름뱅이 아들에게 맡길 일감을 하나 생각해 냈습니다.

'아무리 게으른 녀석도 새 쫓는 일쯤이야 할 수 있겠지. 그 녀석은 목소리가 워낙 커서 새 쫓는 일은 잘할 수 있을 거야.'

허수 할아버지는 논배미 옆에 새막을 지어 놓고, 아들에게 새를 쫓는 일을 하라고 했습니다. 그러나 허수 아버지는 새막 위에 앉아, 술만 마셨습니다.

그는 하루 종일 새막 위에 앉아 술 마시고 장구치며 노래하는 재미로 세월을 보냈습니다. 술에 취하면 코를 드르렁거리며 낮잠을 즐기기가 일쑤였습니다.

그런데 마을 근처 청봉산에는 도깨비들이 살았습니다. 도깨비들은 해마다 벼가 익을 무렵에는 들녘으로 내려와 벼 구경을 하는 버릇이 있었습니다.

도깨비들이 벼 구경을 하러 오는 때는 언제나 달밝은 밤이었습니다. 그들은 사람들이 잠든 이슥한 밤에 들녘으로 내려왔습니다.

그날 밤 허수 아버지는 술에 곯아떨어져 집으로 가지도 못하고 새막 위에서 잠을 자고 있었습니다. 도깨비들은 허수 아버지를 보고 이렇게 수근거렸습니다.

"아니, 이 놈이 바로 게으르기로 소문난 허수 아버지 아니야?"

"이 고약한 녀석을 우리가 허수아비로 만들어 놓자구. 허수네 논 가운데에 세워 놓고 새 떼를 쫓게 해야지."

도깨비들은 마침내 허수 아버지를 꽁꽁 묶어다가 논 가운데에 우뚝 세워 놓았습니다.

도깨비들은 방망이를 휘두르며 시끄럽게 외쳐댔습니다.

"허수아비가 되어라. 뚝딱-. 가을걷이가 끝날 때까지 허수아비가 되어 있거라."

허수 아버지는 대장 도깨비가 휘두른 방망이를 맞고 허수아비가 되고 말았습니다.

　도깨비들은 허수아비가 된 만석이를 가볍게 들어다가, 그의 논 가운데에 세워 놓았습니다.

　이튿날 아침 술에서 깨어난 만석이는 깜짝 놀랐습니다.

　'아니, 이럴 수가! 내가 허수아비가 되어 있다니…'

　"이젠 다시는 게으름 피우지 않을 테니까 용서해 주세요."

　허수 아비버지는 소리소리 질렀지만 허수아비의 입에서 사람의 목소리가 나올리 없었습니다.

　이튿날부터 허수 아버지의 모습이 보이지 앉게 되자, 마을 사람들은 논둑에 서서 이렇게 수근거렸습니다.

　"일하기가 싫어서 어디로 도망을 친 거라그."

　"그런 게으름쟁이는 진작 우리 마을에서 없어져야 했어."

〈동화시〉

허수아비가 된 허수 아버지

　　박상재

　어느 마을에 지독한 게으름쟁이가 살았어.
　"쟁이쟁이 게으름쟁이 내가 제일 게을러."
　게으름쟁이는 게으른 것을 자랑처럼 여겼어.
　사람들은 그를 허수 아버지라고 불렀지.
　그의 아들 이름이 허수였으니까.

　허수네는 한때 마을에서 제일가는 부자였어.
　"우리 아들 귀한 아들, 무럭무럭 자라거라."

식구들은 허수 아버지를 매우 귀하게 여겼지.
그래서 자나깨나 편하게만 키워 왔어.
"어험, 내가 제일이야. 게으른 것도 제일
노는 것도 제일, 먹는 것도 제일……."
허수 아버지는 늘 이런 말을 입에 달고 살았어.

식구들은 열 살이 되어도 세수까지 시켜주고
열세 살이 될 때까지 밥숟을 떠먹였지.
허수 아버지는 늘 놀고 먹기만 좋아했지.
그래서 포동포동 피둥피둥 살만 쪄갔어.

장가를 들어서도 빈둥빈둥 놀기만 했어.
"여보, 당신도 이제 어른 구실을 해야죠."
아내가 말하면 소리만 버럭 질렀어.
"일은 무슨? 난 5대 독자 금자둥이야."
"여보, 곧 아기가 태어날 테니 제발 정신 좀……."
"듣기 싫어. 난 금자둥이 금수저야."

허수가 태어날 때에도 술만 마셨어.
허수 아버지는 바쁜 농사철이 되어도
손끝 하나 까딱 않고 놀기만 했어.
술주정뱅이 노름꾼이 되어
논밭까지 팔아 술을 마셨지.

이제 남은 재산은 논 몇 마지기 뿐.
"에고, 내가 아들을 잘못 키웠네."

늙은 아버지는 후회하며 한숨을 쉬었지.
'내가 힘들게 일하면 저도 따라하겠지.'
허수 할아버지 생각은 아주 빗나갔어.
아들은 본체 만체 놀기만 했지.

허수 할아버지는 며느리와 함께 농사를 지었어.
"아이고, 허리야! 어이구 힘들다."
논두렁 개구리들이 그 소리 듣고 울었어.
"거꿀거꿀 애비는 일하는데 아들을 놀고
거꿀거꿀 거꾸로 거꾸로 가는 이 세상……."

무논의 벼들은 이삭이 패고 여물어 갔어.
허수 할아버지는 아들에게 맡길 일을 생각해 냈지.
'새막에 앉아서 새 떼나 쫓으라고 해야지.'
허수 할아버지는 논배미 옆에 새막을 지었어.
"아들아, 새막에 앉아 새라도 쫓으렴."
"좋아요. 쫓아내는 건 잘할 수 있어요."

허수 아버지는 새막에 앉아 덩기덕 덩더쿵
신나게 노래하며 장구만 쳤어.
"참새들아 저리 가라. 후여 후여여."
"참새들아 날아가라. 후여 후여여."
허수 아버지는 노래를 부르다 싫증이 나면
장구채도 내팽겨치고 술만 마셨어.
그러다 술에 취해 잠이 들었지.

"달도 밝은데 오늘은 벼 구경이나 하러 가세."
청봉산에 사는 도깨비들이 논벌로 내려왔어.
도깨비들은 세상 모르고 자는 허수 아버지를 보았어.
"이 녀석이 게으르기로 소문난 허수 애비 아니야?"
"이 고약한 녀석을 이름대로 허수아비로 만드세"
"논 가운데에 세워 놓고 새 떼를 쫓게 하자구."
도깨비들은 허수 아버지를 묶어 논벌에 세웠지.

"가을걷이가 끝날 때까지 허수아비가 되어 있거라."
도깨비들은 요술방망이로 허수 아버지를 사정없이 때렸어.
그러자 허수 아버지는 정말 허수아비로 변했어.
"다시는 게으름 피우지 않을 테니 용서해 주세요."
정신을 차린 허수 아버지는 소리소리 질렀어.
"허우 허우 허수 허수, 허후허후 허수허수……."
허수아비의 입에서는 바람소리만 새어 나왔지.

허수 아버지의 모습이 보이지 않게 되자,
마을 사람들은 논둑에 서서 이렇게들 수군거렸어.
"새막에서 술을 먹고 잠이 들었다는데……."
"일하기가 싫어서 어디로 도망친 게야."
"그런 게으름쟁이는 벌써 없어졌어야 했어."
허수 아버지는 그 말을 들으며 울상을 지었어.
"난 도망친 게 아니고 여기 서 있다우."
허수아비의 입에서는 바람소리만 새어 나왔지.

〈동화〉

엄마 사랑해요

<small>박상재</small>

다람이네 가족은 떡갈나무 숲속에 살았어요.

다람이는 동생 다솔이와 사이좋게 놀았어요. 솔방울을 굴리기도 하고, 도토리 뚜껑에 흙을 담아 소꿉놀이도 했어요.

"형, 엄마는 왜 여태 안 오는 거야?"

갑자기 다솔이가 칭얼대기 시작했어요.

"맛있는 것 많이 구해 오시느라고 늦게 오시나 봐."

다람이는 짜증을 내는 다솔이를 가만가만 달랬어요.

해가 지자 하늘에는 하나둘 별이 돋아나기 시작했어요.

"형, 배고프다. 엄마는 언제 오실까?"

다솔이는 점점 더 칭얼대었어요.

"다솔아, 우리 문밖에 나가서 엄마를 기다릴까?"

다람이는 다솔이를 데리고 집밖으로 나왔어요. 문득 엄마가 했던 말이 떠올랐어요.

"다람아, 엄마가 없을 때는 동생과 함께 문밖에 나가지 말아라. 바깥 세상은 위험하단다."

다람이는 다솔이와 나란히 앉아 밤하늘을 쳐다보았어요.

"다솔아, 별들이 무척 아름답지? 내가 별자리 이름을 알려 줄게?"

다람이는 엄마에게 배워서 별자리 이름을 많이 알고 있었어요.

"그래, 형. 어서 알려줘."

다솔이는 엄마 생각도 잠시 잊고, 다람이의 말에 귀를 기울였어요.

"저기 보이는 것이 작은곰자리, 저건 큰곰자리……."

밤이 이슥해지도록 엄마 다람쥐는 돌아오지 않았어요.

다솔이는 배고픔을 참으며 꾸벅꾸벅 졸다가 잠이 들었어요.

다람이는 동생 다솔이가 가엾게 생각되었어요.

"다솔아, 집에 들어가서 자자. 밖에서 자면 감기에 걸릴지도 몰라."

다람이는 다솔이를 방으로 데려가 눕게 했어요.

소쩍새 한 마리가 다람이네 집 가까이에서 슬프게 울었어요.

다람이는 잠이 오지 않아, 살금살금 밖으로 나왔어요.

'저 소쩍새는 엄마의 소식을 알고 있을지도 몰라.'

다람이는 이런 생각을 하며 소쩍새를 찾아갔어요.

"아줌마, 혹시 등에 여러 개의 검은 줄이 있는 엄마 다람쥐를 못 보셨나요?"

소쩍새는 그 말을 듣고 깜짝 놀라는 표정을 지었어요.

"해질녘에 범바위에서 그런 다람쥐를 보았단다. 다른 다람쥐보다 검은 줄이 하나 더 있어서 기억하지."

다람이는 가슴이 쿵쿵 뛰었어요.

"그 다람쥐가 우리 엄마예요. 지금까지 집에 돌아오지 않아서 찾으러 나온 거라구요."

"저런, 참 안 되었구나. 아랫마을 빨간 지붕 이층집에 사는 집주인에게 붙잡혀 갔단다. 매미채 속에 든 도토리를 구하려다 붙잡혔지."

"뭐라구요? 우리 엄마가 사람에게 잡혀갔다구요?"

다람이의 눈에서는 눈물이 주르르 흐르고, 목소리도 떨렸어요.

"빨간 지붕 이층집에 가면 너희 엄마를 만날지도 모르겠구나. 사람들이 눈을 피해 조심조심 찾아가야 한다."

소쩍새는 슬픈지 눈물을 흘리며 멀리 날아갔어요.

다람이는 곧바로 사람들이 사는 마을로 내려가, 빨간 지붕 이층집을 찾아갔어요. 엄마 다람쥐는 새장처럼 생긴 상자 안에 갇혀 있었어요.

"엄마! 소쩍새 아줌마가 엄마 소식을 알려주었어요. 얼마나 보고 싶었는지 아세요?"

다람이는 울먹이는 목소리로 말했어요.

"다람아, 다솔이는 어떻게 하고 혼자 왔니? 여긴 위험하니까 어서 돌아가거라."

"엄마, 전 엄마와 떨어져서 살 수 없어요. 차라리 저도 엄마처럼 이곳에 갇혀서 함께 살래요."

엄마 다람쥐는 창살 틈으로 앞발을 내밀어 다람이의 얼굴을 부벼댔어요.

밖이 소란하자 집주인이 문을 열고 나왔어요.

"다람아, 어서 달아나. 집으로 가서 엄마대신 다솔이를 잘 돌봐 줘."

엄마 다람쥐가 아무리 달래도 다람이는 엄마의 뺨을 부벼대며 엄마 곁을 떠나지 않았어요.

'내가 나쁜 짓을 했구나. 저렇게 서로 떨어질 줄을 모르는데…….'

집 주인은 다람쥐가 갇혀 있는 상자의 문을 열어 주었어요.

"다람아, 네가 엄마를 구해주었구나. 고맙다, 다람아."

엄마 다람쥐와 다람이는 너무나 기뻐서 눈물을 흘렸어요.

〈동화시〉

엄마 사랑해요

박상재

다람이는 떡갈나무 숲속에 살았어.
동생 다솔이와 솔방울도 굴리고,
도토리 뚜껑으로 소꿉놀이도 했지.
"형, 엄마는 왜 여태 안 오는 거야?"

갑자기 다솔이가 칭얼대기 시작했어.
"맛있는 것 구해 오느라고 늦나 봐."
다람이는 칭얼대는 다솔이를 달랬어.

해가 지자 별이 돋아나기 시작했어.
"다솔아, 문밖에 나가서 엄마를 기다릴까?"
둘이는 나란히 앉아 밤하늘을 쳐다보았어.
"다솔아, 내가 별자리 이름을 알려줄게."
다람이는 별자리 이름을 많이 알고 있었어.
"저쪽은 작은곰자리, 저건 큰곰자리…."

밤이 이슥하도록 엄마 다람쥐는 돌아오지 않았어.
다솔이는 꾸벅꾸벅 졸다가 잠이 들었어.
다람이는 동생 다솔이가 무척 가여웠어.
"다솔아, 밖에서 자면 감기에 걸릴지도 몰라."
다람이는 다솔이를 방으로 데려가 눕혔어.

소쩍새가 집 가까이에서 슬프게 울었어.
다람이는 살금살금 밖으로 나왔어.
'소쩍새는 엄마의 소식을 알고 있을지도 몰라.'
다람이는 소쩍새에게 엄마 소식을 들었어.
"빨간지붕 이층집으로 붙잡혀 갔단다."

다람이는 빨간지붕 이층집을 찾아갔어.
엄마 다람쥐는 새장 같은 상자 안에 갇혀 있었어.
"엄마! 얼마나 보고 싶었는지 아세요?"

다람이는 울먹이는 목소리로 말했어.
"다람아, 여긴 위험하니까 어서 돌아가거라."
"엄마, 전 엄마와 떨어져서 살 수 없어요."
엄마 다람쥐는 창살 틈으로 발을 내밀어
다람이의 얼굴을 부벼댔어.

밖이 소란하자 집주인이 나왔어.
"다람아, 어서 달아나. 다솔이를 잘 돌봐 쥑."
다람이는 엄마의 뺨을 부벼대며 떠나지 않았어.
'내가 나쁜 짓을 했구나.
저렇게 서로 떨어질 줄을 모르는데….'
집 주인은 상자의 문을 열어주었어.
"다람아, 네가 엄마를 구해주었구나."
엄마 다람쥐와 다람이는 기쁨의 눈물을 흘렸어.

〈동화〉
찔레꽃 향기는 왜 밤에 진한가
박상재

월악산 찔레골에 삵이라는 삵괭이가 살았습니다.
찔레골은 찔레꽃 때문에 살기좋은 곳입니다. 봄부터 골짜기 가득 꽃향기가 마르지 않았습니다. 진달래꽃이 지고 나면 싸리꽃이 피고, 싸리꽃이 지고 나면 찔레꽃이 향기를 흩날렸습니다. 찔레꽃 덤불은 산골짝 개울을 따라 터널처럼 길게 이어져 있었습니다.
삵이는 찔레꽃 향기를 무척이나 좋아했습니다. 찔레꽃 덤불에 코를 대고 냄새를 맡다가 가시에 찔린 적이 한두 번이 아닙니다. 꽃향기에 취해 쓰러져 잠이 든 날도 많았습니다.

삵이는 송곳니가 무척이나 뾰족합니다. 다섯 개의 앞발톱과 네 개의 뒷발톱 또한 아주 날카롭습니다. 그 뾰족한 송곳니와 날카로운 발톱이 삵이의 무기입니다.

삵이는 나무 타기도 아주 잘합니다. 뒷다리가 길어서 낮은 가지에는 단숨에 껑충 뛰어오를 수 있습니다. 발바닥은 살이 많아 고무판처럼 말랑말랑합니다. 그 때문에 높은 곳에서 뛰어내려도 소리가 나지 않습니다. 그래서 사냥을 잘할 수밖에 없습니다.

삵이가 즐겨 찾는 먹이는 개구리나 들쥐 같은 작은 동물과 맑은 물에서 헤엄치는 물고기들입니다.

삵이는 아빠의 얼굴을 모릅니다.

'아빠는 네가 태어나자마자 어디론가 훌쩍 떠나버렸단다. 산골짝을 따라 찔레꽃이 안개처럼 자욱이 피던 밤이었지.'

엄마가 삵이 곁을 떠나면서 했던 말입니다. 그런 엄마도 찔레꽃 향기가 진하게 퍼지던 날 어디론가 훌쩍 자취를 감추었습니다.

삵이는 초저녁 별을 보며 엄마 얼굴을 그려 보았습니다. 엄마가 떠나간 때도 달빛이 어스름하고 별이 총총 떠 있던 여름밤이었습니다. 그 별들은 어찌나 아름다운지 찔레꽃이 바람에 실려 하늘로 올라가 별이 된 것 같았습니다.

엄마는 찔레꽃이 피기 시작하면 북녘 하늘을 쳐다보는 버릇이 있었습니다. 해가 지고 땅거미가 밀려오고 나면 어김없이 북녘 하늘을 쳐다보았습니다.

"저기 국자 모양의 일곱 개의 별들을 보아라. 그게 바로 큰곰자리야. 거기서 조금 떨어진 곳에 오각형 모양의 별자리가 있지? 그게 마차부자리란다. 그 큰곰자리와 마차부자리 사이를 자세히 보아라."

삵이는 북두칠성이 들어 있는 큰곰자리와 다섯 개의 별이 모인 마차부자리를 알고 있습니다. 엄마와 목이 뻐근하도록 밤하늘을 쳐다보며 공부한 덕분입니다.

삵이의 초롱초롱한 눈동자가 점점 더 크게 빛났습니다.

"엄마, 희미하게 작은 별들이 아주 많이 모여 있는데요."

"그래, 몇 개쯤 되어 보이니?"

삵이는 '별 하나 나 하나 별 둘 나 둘…' 하고 헤아리다가 열까지 세고는 그만 두었습니다. 별이 너무 아스라히 보이기 때문입니다.

"한 백 개쯤은 되어 보여요."

"정확하게 일흔일곱 개란다. 저 별자리 이름이 바로 삵괭이자리야."

"곰이나 사자, 독수리 같은 별자리만 있는 줄 알았는데, 우리 삵괭이자리도 있어요?"

삵이는 개울에서 산천어를 잡았을 때처럼 기분이 좋아졌습니다.

엄마는 삵괭이자리를 보며 이야기를 계속했습니다.

"우리의 별자리는 또렷하지는 않지만 그 수는 참 많지. 마음이 어여쁜 삵괭이가 죽으면 그 혼이 하늘로 올라가 삵괭이자리의 별이 될 수 있다는 구나."

"정말이세요? 엄마, 그럼 나도 별이 되고 싶어요."

삵이의 동그란 눈이 희미한 어둠 속에서 반짝 빛났습니다. 바람에 실려온 찔레꽃 향기가 코끝을 살살 간지럽혔습니다.

"힘이 세다고 힘을 함부로 휘두르는 건 못난이가 하는 짓이란다. 찔레꽃처럼 향기 진한 삶을 살도록 해라."

"어떻게 사는 것이 향기 진한 삶인가요?"

"스스로 깨달아야지 누가 가르쳐 줄 문제가 아니란다. 찔레꽃 향기를 많이 맡으면 깨닫게 될 날이 올지도 모르겠구나."

삵이와 엄마는 그날 밤 찔레꽃 향기에 취해 꽃잠을 잤습니다. 찔레꽃 향기를 맡고 있으면 자기도 모르게 스르르 잠의 수렁으로 빠져 들었습니다.

이튿날 아침 삵이는 늦잠을 잤습니다. 찔레꽃 향기에 취해 단잠을 잤기 때문입니다. 잠에서 깬 삵이는 엄마를 불렀지만 엄마의 목소리는 아무데서도 들리지 않았습니다.

'열목어를 잡으러 개울에 가셨는지도 몰라.'

어제 아침만 해도 엄마는 먹음직스런 열목어를 두 마리나 잡아 오셨으니까요. 삵이는 맛있는 열목어를 생각하며 입맛을 다시다가 다시 눈을 감았습니다.

삵이가 잠에서 깬 것은 점심때가 다 되어서였습니다. 그때까지도 엄마는 돌아오지 않았습니다.

'배가 몹시 고픈데, 엄마는 왜 여태 안 오시지?'

삵이는 어슬렁어슬렁 개울가로 나갔습니다. 여전히 엄마의 모습은 보이지 않았습니다.

'엄마가 어디로 멀리 떠나신 것은 아닐까?'

삵이는 살며시 불안한 생각이 들었습니다.

'배가 고프니까 우선 뱃속부터 채우고 생각하자.'

맑은 물속에는 커다란 열목어들이 떼지어 다니고 있었습니다.

삵이는 소리나지 않게 살금살금 징검돌 위로 가서 앉았습니다.

"에잇! 꼼짝마라. 풍덩—"

성급하게 열목어를 잡으려던 삵이는 그만 개울물 속으로 빠지고 말았습니다.

삵이는 물방울을 뚝뚝 흘리며 힘없이 개울가로 걸어나왔습니다.

"비맞은 족제비 같구나. 어쩌다 그런 꼴이 되었니?"

엄마가 보았더라면 이렇게 놀려댔을지도 모릅니다.

'아이 추워. 우선 몸부터 말려야겠다.'

삵이는 양지쪽 바위에 앉아 물에 젖은 몸을 말렸습니다. 삵이의 눈에 졸음이 밀려들기 시작했습니다. 그때 싸리나무 숲 사이로 새앙토끼가 뛰어가는 모습이 보였습니다.

삵이는 잠이 훌쩍 달아나면서 정신이 번쩍 들었습니다.

'음. 네 녀석을 해치워야겠구나. 몸집으로 보아 한 끼 식사로는 안성맞춤이겠는걸.'

삵이는 젖먹던 힘까지 다 내어 새앙토끼를 뒤쫓았습니다. 새앙토끼는 얼마 달아나지 못하고 삵이에게 붙잡히고 말았습니다.

"삵괭이님 제발 살려주세요."

새앙토끼는 눈물을 흘리며 온몸을 바르르 떨었습니다. 삵이는 새앙토끼가 불쌍해서 가만히 놓아 주었습니다. 새앙토끼는 뒤도 돌아보지 않고, 바람처럼 자취를 감추었습니다.

삵이는 배고픔을 참으며 집으로 돌아왔습니다. 행여나 오셨을까 기대했던 엄마의 모습은 여전히 보이지 않았습니다.

'엄마가 없으니까 너무 쓸쓸하구나.'

삵이는 바위굴 앞에 웅크리고 앉아 엄마를 기다렸습니다.

이튿날 아침이 되어도 엄마는 나타나지 않았습니다.

'엄마는 멀리 떠나신 게 틀림없어. 나 혼자 살아가도록 하기 위해서일 거야. 언젠가 엄마가 말했지. 혼자서 살아가야 용감한 삵괭이가 될 수 있다고.'

삵이는 언제까지나 우두커니 엄마를 기다릴 수만은 없었습니다. 그래서 혼자서도 꿋꿋하게 살아가기로 마음먹었습니다. 이제 정신만 똑바로 차리면 열목어 잡이 쯤은 혼자서도 실수 없이 잘할 수 있습니다. 우선 열목어를 잡아 허기를 달랬습니다.

'목숨은 참으로 소중한 거란다. 그러니까 살아있는 생물을 장난으

로 죽여서는 안 된다.'

삵이는 사냥을 할 때마다 엄마의 말을 되새겨 봅니다.

엄마와 떨어져 살아온 지도 어느 덧 일 년이 되었습니다. 그동안 삵이는 몸과 마음이 몰라보게 자랐습니다. 입가의 수염도 더 길게 자랐습니다.

엄마가 이 모습을 보았다면, '아빠를 꼭 빼어 닮았구나.' 하시며 기뻐했을 것입니다.

삵이는 몸집이 커질수록 누군가가 그리워졌습니다. 소쩍새가 구슬피 울어대는 밤이 오면 더욱 그랬습니다.

찔레꽃 향기가 안개처럼 밀려들면 온 밤을 뜬 눈으로 지새울 때도 있습니다.

삵이는 낮보다 밤을 더 좋아합니다. 밤이 되면 개울에서 잠자는 물고기를 잡기도 합니다. 삵이가 좋아하는 먹이는 언제부터인지 물고기로 바뀌었습니다. 전에는 개구리나 들쥐를 좋아했습니다. 그런데 물고기 맛에 길들여진 다음부터는 물고기만 먹었습니다.

삵이는 장난을 퍽 좋아합니다. 그것은 혼자 사는 것이 무척이나 외롭기 때문입니다. 달밤이면 다람쥐를 쫓기도 합니다. 물론 장난을 치기 위해서지요. 삵이의 마음을 모르는 다람쥐는 꼬리가 빠지라고 도망을 칩니다. 간밤에는 다람쥐를 쫓다 낭떨어지로 굴러떨어져 한쪽 다리를 삐고 말았습니다.

아기 다람쥐가 나무 등걸에 앉아 달구경을 하고 있었습니다. 삵이처럼 엄마를 생각하고 있는지도 모릅니다.

그때 다람쥐를 향해 살무사 한 마리가 스르르 기어가는 모습이 보였습니다.

살무사는 무서운 독 뱀입니다. 한 번 물리면 목숨까지도 잃게 될 것이 뻔합니다. 다급해진 삵이가 큰소리로 외쳤습니다.

"다람쥐야 어서 달아나. 위험해!"

깜짝 놀란 아기 다람쥐는 부리나케 달아났습니다.

"에잇, 남의 일에 방해를 하다니. 용서할 수 없다."

살무사가 독니를 드러내며 험상궂게 말했습니다.

"비겁하게 아기 다람쥐를 뒤에서 공격하는 법이 어디 있니?"

"쓸데 없는 소리 집어 치워."

살무사는 삵이의 목을 물려고 달려들었습니다.

삵이는 재빨리 피하며 살무사의 머리를 깨물었습니다.

살무사는 피를 흘리며 스르르 달아났습니다.

"난 비겁한 것을 것을 싫어해. 위험에 처한 것을 보고도 못 본 척하는 것은 비겁한 짓이지. 비겁한 자는 이 다음에 별이 될 수 없어."

삵이는 앞다리에 잔뜩 힘을 주며 '이용-' 하고 크게 소리쳤습니다.

문득 삵이의 콧수염이 빳빳해졌습니다. 먼 발치에서 발자국 소리가 들렸기 때문입니다. 귀에 익은 발자국 소리입니다. 삵이의 눈동자가 더욱 커졌습니다.

'혹시 엄마가 아닐까?'

삵이는 뛰는 가슴을 억누를 수가 없었습니다.

"엄마다! 엄마-"

삵이는 기쁨을 감추지 못했습니다.

엄마는 낯선 삵괭이를 데리고 왔습니다. 아주 건장하고 늠름하게 생긴 삵괭이였습니다.

'아빠는 아닌 것 같은데….'

삵이는 느낌으로 그것을 알 수 있습니다.

어리둥절한 모습의 삵이를 보며 엄마가 입을 열었습니다.

"우리 삵이가 몰라보게 컸구나. 이젠 너도 짝을 맞아야 할 게 아니니? 마침 좋은 신랑감이 있길래 널 소개해 주려고 데려 왔단다."

삵이는 겉으로는 안 그런 체 했지만 속으로는 여간 기쁘지 않았습니다.

"엄마는 떠날 테니까, 이곳 찔레골에서 둘이 오순도순 잘 살도록 해라."

엄마의 뒷모습이 희미하게 멀어져 갔습니다.

삵이는 그 모습을 물끄러미 바라볼 뿐이었습니다.

"삵이 아가씨! 우리도 이제 엄마 아빠가 되어야지요?"

신랑 삵괭이가 꼬리를 흔들며 부드럽게 속삭였습니다.

그 말을 들은 삵이는 살며시 부끄러워졌습니다. 하지만 속내는 너무 기뺐습니다. 삵이도 어서 빨리 엄마가 되고 싶었으니까요.

"찌르륵 찌르륵 축축축-."

찔레꽃 덤불 속에서 향기 실은 노래 소리가 은은히 울려 퍼졌습니다. 삵이의 결혼을 축하해 주는 찌르레기의 축가였습니다.

찔레꽃 향기가 찔레골 가득 번져 나갔습니다. 달무리처럼 너울어울 번져 나갔습니다. 찔레골 덤불 아래 신방을 차린 삵이의 눈에 가물가물 졸음이 밀려듭니다. 신랑의 눈에도 스물스물 졸음이 스며듭니다.

삵이는 달빛을 이불 삼아 찔레꽃 향기에 취해 꽃잠이 들었습니다. 신랑과 더불어 달밤에 맡는 찔레꽃 향기는 더욱 진했습니다.

〈동화시〉

찔레꽃 향기

　　박상재

　　월악산 찔레골에 삵괭이 삵이가 살았네.
　　삵이는 찔레꽃 향기를 무척이나 좋아했지.

찔레꽃 냄새를 맡다 가시에 찔리기도 하고
꽃향기에 취해 쓰러져 잠든 날도 많았네.

삵이는 아빠 얼굴을 모르지.
'아빠는 찔레꽃 피던 밤에 떠났단다.'
엄마가 삵이 곁을 떠나면서 말했지.
엄마도 찔레꽃 향기 진하던 날 떠나갔지.
달빛 어스름하고 별 총총 떠 있던 밤에

삵이는 초저녁 별을 보며 엄마 얼굴을 그려 보네
일흔일곱 개 별이 모인 삵괭이자리
마음씨 착한 삵괭이가 죽으면
삵괭이자리의 별이 될 수 있다는….

삵이는 혼자서도 꿋꿋하게 살아간다네.
날카로운 송곳니와 발톱으로
개구리, 들쥐 사냥을 아주 잘하지.
열목어, 산천어 잡이도 혼자 잘하고.

'살아있는 목숨은 모두 소중하니
꼭 필요한 먹이만 잡도록 해라.'
삵이는 엄마의 말을 간직하며 살았네.

소쩍새가 구슬피 울어대는 밤이 되고
찔레꽃 향기가 안개처럼 밀려들면
온 밤을 뜬 눈으로 지새울 때도 있었네.

하얀 달밤이면 다람쥐를 쫓으며
그리움을 달랬네.

어느 날 엄마가 낯선 삵괭이를 데리고 왔네.
"우리 삵이가 몰라보게 컸구나.
좋은 신랑감이 있길래 데려 왔단다.
이곳 찔레골에서 오순도순 잘살도록 해라."

엄마의 뒷모습이 희미하게 멀어져 갔네.
"삵이 아가씨. 우리도 이제 엄마 아빠가 되어야지요?"
신랑 삵괭이가 꼬리를 흔들며 부드럽게 속삭였지.
"찌르륵 찌르륵 축축축-."
찔레꽃 덤불 속에서 노랫소리가 울려 퍼졌지.
삵이의 결혼을 축하해 주는 찌르레기의 축가였네.

찔레꽃 향기가 달무리처럼 너울어울 번져 갔네.
찔레골 덤불 아래 신방을 차린
삵이의 눈에 가물가물 졸음이 밀려들었네.
신랑의 눈에도 스물스물 졸음이 스며드네.
찔레꽃 향기에 취해 꽃잠이 들었네.
신랑과 더불어 달밤에 맡는 찔레꽃 향기는 더욱 진했네.

2. 동화책을 동화시로 바꾸기

- 달려라 아침해(봄봄, 2014, 박상재)

『달려라, 아침해!』는 전쟁으로 인해 경주마에서 군마가 된 아침해의 이야기입니다. 미군 장교에게 팔려가게 된 아침해는 원래 주인이었던 김영길을 잊지 못하지만, 에릭 페더슨 중위와 함께 한국 전쟁에서 빛나는 무공을 세웠습니다. 미국에서 숨을 거둔 아침해가 꿈에 그리던 김영길을 만나게 되는 모습을 통해 아이들에게 꿈은 반드시 이루어진다는 희망의 메시지를 전해줄 수 있습니다. 이 책은 『영웅 레클리스!』로 제목을 바꿔 다시 출간했습니다.

〈동화시〉

- 달려라 아침해

    박상재

    용감한 아침해 넌 우리의 희망이야
    너를 생각하면 용기가 불끈 샘솟지
    헤어진 영길이 그리워 꼭 보고 싶어
    총알도 포탄도 전혀 무섭지 않아
    그래서 더 용감무쌍해진 레클리스
    낯선 그 이름보다 아침해가 훨씬 정다워

힘차게 달리고 싶은 아침해 아침해
넌 우리의 희망이야 참 기쁨이야

● 꿀벌 릴리와 천하무적 차돌 특공대(머스트비, 2019, 박상재)

이 책의 주인공 꿀벌 릴리와 친구들이 펼치는 신나는 모험에 따라가다 보면, 어느새 꿀벌들을 사랑스러운 눈으로 바라보게 될 거예요. 여왕벌로 태어났지만 일벌의 삶을 선택한 릴리는 용감하고 진취적인 꿀벌입니다. 맡겨진 일을 열심히 하고, 꽃밭을 누비며 꿀을 따러 다니는 것을 사랑하는 천생 꿀벌 릴리와 친구들은 어떤 위기가 닥쳐도 카리스마와 결단력으로 지혜롭게 헤쳐 나아갑니다. 또한 꿀벌들이 태어나면서부터 행하는 행동들이 단계적으로 자세하게 담겨 있어, 꿀벌의 생태에 대해 잘 알 수 있는 동화책입니다.

● 〈동화시〉
천하무적 차돌 특공대
　　박상재

　　우리는 삼총사 릴리 삼총사
　　기쁜 일도 함께하고
　　슬픈 일도 함께 나누는

우리는 삼총사 릴리 삼총사

우리의 우정은 꿀보다 진하고
우리의 사랑은 꽃보다 향기로워
랄랄라 랄랄라 릴리 삼총사
랄랄라 랄랄라 릴리 삼총사

우리는 용감한 차돌 특공대
앞만 보고 날아가는
천하무적 차돌 특공대
이 세상 누구도 무섭지 않아

우리는 용감한 차돌특공대
우리가 뭉치면 돌처럼 강해서
말벌도 땅벌도 모두가 두려워해
으랏차 차차차 차돌 특공대
으랏차 차차차 차돌 특공대

3. 이솝 우화를 동화시로 바꾸기

〈이솝우화〉
욕심 많은 개

개 한 마리가 잔칫집에서 고깃덩어리를 얻었습니다.
'빨리 집으로 가서 아이들과 나누어 먹어야지.'

자식들을 생각하며 집을 향해 달리던 개는 다리를 건너게 되었습니다. 다리의 중간쯤 와서 다리 밑을 보니 냇물 속에 웬 개 한 마리가 서 있었습니다. 그런데 그 개도 입에 고깃덩어리를 물고 있는 것이었습니다.

'저 고깃덩어리는 내가 물고 있는 것보다 더 크잖아. 건방진 녀석. 저것도 빼앗아야지!'

욕심이 생긴 개는 물 속의 개를 향해 사납게 짖었습니다.

"멍! 멍!"

"첨벙!"

입을 벌리고 멍멍 짖는 순간 물고 있던 고기가 물속으로 떨어지고 말았습니다.

그러자 냇물 속에 있는 개의 입에서도 고기가 없어졌습니다.

'아니, 저 개도 나처럼 고깃덩어리를 잃어버렸구나!'

개는 힘없이 그곳을 떠났습니다.

〈동화시〉

욕심 많은 개

　　박상재

흘러가는 맑은 물 다리 위에 올라서
욕심 많은 개가 뼈다귀 물고
물 위의 제 그림자 바라보았네
입에 문 뼈다귀 빼앗고 싶어서
입 벌리고 멍멍멍 짖는 바람에
물었던 뼈다귀도 놓쳐 버렸네
물었던 뼈다귀도 놓쳐 버렸네

〈이솝우화〉
고양이 방울

어느 집 창고에 쥐들이 많이 살고 있었습니다.

쥐들은 집안 구석구석을 떼지어 다니며 음식을 훔쳐 먹었습니다.

주인은 쥐들을 없애려고 고양이 한 마리를 구해 왔습니다. 그러자 쥐들은 고양이가 무서워서 음식도 제대로 못먹고 마음대로 행동할 수조차 없었습니다.

"저놈의 고양이 때문에 살 수가 없어. 무슨 수를 써야지, 이대로 있다간 굶어 죽고야 말겠어."

"맞아, 우리 함께 머리를 맞대고 무슨 좋은 방법이 없을까 회의를 하자."

"그래, 그렇게 하자."

쥐들은 마침내 한자리에 모여 회의를 하게 되었습니다.

여러 가지 의견이 나왔지만, 그다지 좋은 의견은 하나도 없었습니다. 모두 지혜를 짜내며 고민을 하고 있을 때, 꾀 많은 쥐가 일어서며 이렇게 말했습니다.

"고양이가 움직일 때마다 소리가 나도록 고양이 목에 방울을 달기로 합시다. 그 방울 소리를 듣고 재빨리 몸을 피한다면 우리들이 고양이한테 잡히는 일은 영원히 없을 거예요."

"야아! 그것 참 멋진 생각이다."

쥐들은 모두들 환호성을 질렀습니다.

"정말 그렇게만 된다면 얼마나 좋을까? 그렇게만 되면 우리는 마음 놓고 어디든지 다닐 수가 있을 거야."

젊은 쥐의 말을 듣고 늙은 쥐가 점잖게 말하였습니다.

"정말 훌륭한 생각이야. 그렇게만 된다면 오죽 좋을까? 그러나 누가 과연 그 고양이의 목에 방울을 달 수 있을까?"

그러자 박수를 보내며 기뻐 날뛰던 쥐들은 금세 조용해졌습니다..

〈동화시〉

고양이 방울

　　박상재

　　부잣집 창고에 쥐 떼들이 살았어
　　쥐들은 음식을 마구 훔쳐 먹었지
　　화가 난 주인은 고양이를 풀었어
　　쥐들은 무서워서 꼼짝을 못했지
　　"저 고양이 놈을 없앨 방법 없을까?"
　　쥐들은 모두 모여 궁리를 하였지
　　"고양이 목에다 방울을 달면 되지."
　　"아하 그것 좋겠다. 참 멋진 생각이네."
　　"그런데 누가 과연 방울을 달지?"
　　그 누구도 선뜻 나서는 쥐가 없네

〈이솝우화〉

까마귀와 독수리

　　양지바른 풀밭에서 양들이 한가롭게 풀을 뜯고 있었습니다.
　　그때 어디선가 독수리 한 마리가 나타나더니 양들이 모여 있는 풀밭으로 내려왔습니다. 독수리는 잽싸게 어린 양 한 마리를 채어 가지고 하늘 높이 날아갔습니다.

'야, 이 못된 독수리야!"

양치기는 지팡이를 휘두르며 고함을 쳤지간 독수리는 이미 멀리 사라지고 없었습니다.

풀밭 근처의 나무 위에서 그 모습을 본 까마귀는 감탄하였습니다.

"야, 굉장히 멋지구나!"

까마귀는 독수리가 부러웠습니다.

'나도 못할 거야 없지. 어디 그럼 나도 한 번 양을 낚아채어 볼까?'

까마귀는 자기도 독수리 흉내를 내어 날쌔게 양 한 마리를 잡아 보리라고 마음먹었습니다.

기회를 엿보던 까마귀는 마침내 양들이 노는 풀밭으로 내려갔습니다. 이윽고 한 어린 양의 털속 깊이 발톱을 박고 힘차게 끌어 올리려 했습니다.

그러나 까마귀가 들어올리기에는 어린 양은 너무 무거웠습니다. 까마귀는 있는 힘을 다내어 날려고 했지만 양은 들려지지 않았습니다.

"도저히 안 되겠다. 포기하자."

까마귀는 움켜쥐었던 발톱을 놓으려 했습니다.

그러나 양털이 발톱에 감겨서 발톱조차 다시 뺄 수 없게 되었습니다.

"이크, 이것 참 큰일났네!"

까마귀는 울상이 되어 몸부림쳤지만 발톱은 빠질 줄을 몰랐습니다.

당황한 까마귀가 어린 양의 등에서 날개를 퍼덕이고 있을 때, 저쪽에서 양치기가 재빨리 달려와 까마귀를 사로잡았습니다.

〈동화시〉

까마귀와 독수리

　　박상재

　　양들이 풀밭에서 풀을 뜯고 있었어
　　독수리 한 마리가 풀밭으로 내려왔지
　　독수리는 어린 양을 낚아채어 날아갔어
　　양치기가 달려갔지만 독수리는 사라졌어

　　그 모습 본 까마귀는 독수리가 부러웠어
　　나도 한번 멋지게 양을 낚아 채어 볼까
　　까마귀는 풀을 뜯던 양을 낚아채려 했어
　　양털에 발톱을 박고 힘차게 날아갔지

　　안간힘을 다썼지만 양은 꼼짝 안하네
　　까마귀는 움켜쥔 발톱을 놓았네
　　양털이 발톱에 감겨 뺄 수 없었지
　　까마귀는 양치기에게 붙잡히고 말았어

〈이솝우화〉

말과 당나귀

　말과 당나귀가 한 집에 살고 있었습니다.
　어느 날 주인은 말과 당나귀의 등에 각각 많은 짐을 싣고 길을 떠났습니다.

하루 종일 걷다가 밤이 깊어서야 주막에 들러 잠시 쉬고, 또 다음 날 새벽이면 길을 떠났습니다. 이렇게 힘든 나날이 며칠씩 계속되자 몸이 약한 당나귀는 몹시 지쳐 쓰러질 지경이었습니다.

"여보게, 친구 좀 도와주게. 이대로 가다가는 난 곧 죽고 말겠네. 그러니 내 짐을 조금만 가져가 주게."

당나귀는 거친 숨을 몰아 쉬며 말에게 애원했습니다. 그러자 말은 화를 버럭 내며 냉정하게 잘라 말했습니다.

"안 돼, 나도 지금 무거워 죽을 지경인데, 네 짐까지 더 가지라고?"

당나귀는 더 이상 부탁하지 못하고 얼마를 더 가다가 그만 쓰러져 죽고 말았습니다.

"아직 갈 길이 먼데, 쓰러져 죽다니……."

주인은 당나귀의 등에 실었던 짐을 몽땅 말 등에 옮겨 실었습니다.

허리가 휘어지게 된 말은 숨을 몰아 쉬면서 후회했습니다.

'당나귀가 부탁했을 때 조금만 도와줬어도 이렇게 고생하지는 않았을 텐데…….'

〈동화시〉

말과 당나귀

박상재

말과 당나귀가 한 집에 살고 있어
둘이는 짐을 싣고 먼 길을 떠났어
몸이 약한 당나귀는 몹시 지쳐 쓰러질 것 같았어
"여보게 친구 내 짐을 조금만 가져다 주게."
당나귀는 거친 숨을 몰아쉬며 애원하였지

말은 화를 내며 냉정하게 잘라 말했어
"나도 무거워 죽을 지경이야. 나도 힘들어.
허허 내가 힘이 들면 남도 힘이 들지."
당나귀는 좀 더 가다 쓰러져서 죽고 말았어
주인은 당나귀의 짐을 말등에 옮겨 실었어
등이 휜 말은 한숨을 쉬며 후회했어
'당나귀의 부탁을 들어줄 걸 그랬어.'

〈이솝우화〉
밀밭과 여우

밀밭을 가꾸는 농부가 살았습니다.
농부는 어느 날 누렇게 익은 밀밭에 나와 보고 깜짝 놀랐습니다.
누군가 밀밭을 마구 헤짚고 다녀 엉망이 되어 있었습니다.
'누가 내 밀밭을 이 지경으로 만들어 놓았지?'
농부는 화가 나서 고함을 질렀습니다.
'맞아, 이건 틀림없이 그놈의 여우 짓일 거야.'
농부는 생각하였습니다.
전에도 몇 번인가 밭갈이를 하고 있을 때에 여우가 곁눈질을 하며 지나가곤 했기 때문입니다.
'붙잡히기만 하면 그냥 두지 않을 거야.'
농부는 잔뜩 벼르며 밀밭에 숨어 여우가 나타나기만을 기다렸습니다.
얼마 후 마침내 여우가 나타났습니다.
"야, 이놈. 거기 서지 못해!"
농부가 소리치며 달려갔습니다.

"네가 이 밀밭을 엉망으로 만든 것을 다 알고 있다."

농부는 미처 도망치지 못한 여우를 붙잡고 꼬리에 불을 붙였습니다.

"앗 뜨거워!"

꼬리에 불이 붙은 여우는 뜨거워서 어쩔 줄을 몰랐습니다.

여우는 밀밭으로 들어가 나뒹굴었습니다.

여우의 꼬리가 흔들릴 때마다 불길은 밀밭에 옮겨 붙었습니다. 밀밭은 순식간에 불바다가 되고 말았습니다.

"아이쿠, 내 밀밭……."

농부는 발을 동동 굴렀지만 아무 소용이 없었습니다.

〈동화시〉

밀밭과 여우

  박상재

  밀밭을 가꾸는 농부가 밭을 보고 놀랐어
  누군가 밀밭을 쏘다녀서 엉망이 되어 버렸지
  밀밭을 이 지경으로 만든 것은 여우 짓일 거야
  농부는 숨어서 여우가 나타나길 기다렸어
  마침내 여우가 나타나자 소리를 지르며 쫓아갔지
  농부는 여우를 붙잡아 꼬리에 불을 붙여 혼내 주었어
  꼬리가 뜨거운 여우는 어쩔 줄을 몰랐지
  여우가 밀밭에 나뒹굴자 밀밭은 몽땅 타 버렸어
  농부는 가슴을 치며 울었지만 때늦은 후회였지

〈이솝우화〉
사자와 생쥐

어느 날 숲속에서 사자가 낮잠을 자고 있었습니다.
그때 지나가던 새앙쥐가 잠든 사자를 보았습니다.
'사자가 낮잠을 자는군. 슬슬 장난을 쳐 볼까?'
새앙쥐는 살금살금 다가가서 사자의 꼬리를 만졌습니다.
깊은 잠에 빠진 사자는 꿈쩍도 하지 않았습니다.
'어라! 꿈쩍도 않네. 이번엔 발톱을…….'
새앙쥐는 그토록 무서워하던 사자의 발톱을 건드렸습니다.
하지만 사자는 꿈쩍도 하지 않고 계속 잠만 잤습니다. 그러자 새앙쥐는 사자의 몸을 타고 올라갔습니다.
사자의 얼굴을 가까이서 들여다 보던 새앙쥐는 점점 더 재미있게 느껴졌습니다.
"이번에는 사자의 콧수염을 한번 잡아당겨 볼까?"
새앙쥐는 잠시 망설이다가 사자의 콧수염을 잡아당겼습니다.
잠이 깬 사자는 큰소리로 호통을 쳤습니다.
"건방진 녀석! 좁쌀만한 녀석이 겁도 없이 달콤한 잠을 깨우다니, 혼쭐을 내 줄 테다!"
사자에게 붙잡힌 새앙쥐는 왈각 겁이 났습니다.
"사, 사자님! 죽을 죄를 지었습니다. 한번만 용서해 주십시오. 은혜는 잊지 않겠습니다."
사자는 새앙쥐가 은혜를 갚겠다는 말이 가소롭기도 하였지만 문득 귀여운 생각이 들었습니다.
"좋아. 이번만은 특별히 용서해 주겠다. 다음부터는 이런 일이 없도록 해라."

사자는 새앙쥐를 풀어 주었습니다.

그 후 며칠이 지났습니다.

숲속을 어슬렁거리며 걷던 사자는 잘못하여 사람들이 쳐놓은 덫에 걸리고 말았습니다. 아무리 힘센 사자라고 하더라도 엄청나게 튼튼한 밧줄로 얽어 만든 덫은 도저히 빠져나올 수가 없었습니다.

"아이고 원통해라. 난 이제 꼼짝없이 죽게 되었구나."

사자는 숲속이 쩌렁쩌렁한하게 큰소리로 울었습니다. 그 소리는 온 숲속에 퍼져 먼 곳에 있던 새앙쥐까지도 들을 수가 있었습니다.

새앙쥐는 재빨리 사자의 울음소리가 들리는 곳으로 찾아갔습니다.

튼튼한 덫에 걸려 죽게 된 사자를 보고 어쩔 줄 모르며 당황하던 새앙쥐는 갑자기 어디론가 사라졌습니다.

얼마 후 수많은 친구 새앙쥐들을 데리고 나타났습니다.

"모두들, 이빨로 이 밧줄을 쏠아서 사자님을 구하자."

새앙쥐들은 벌떼처럼 달려들어 덫을 갉아대기 시작했습니다. 얼마 후 사자는 덫에서 풀려났습니다.

"고맙다, 새앙쥐야. 내가 너의 도움을 받게 될 줄은 미처 몰랐구나!"

사자는 새앙쥐가 고마워서 눈물까지 흘렸습니다.

〈동화시〉

사자와 생쥐

　　박상재

　숲속에서 사자가 낮잠을 자고 있는데
　꾸러기 생쥐가 사자 꼬리를 밟았어
　깊은 잠에 빠진 사자는 꿈쩍도 안 했지

이번에는 사자의 콧수염을 잡아당겼어
사자는 생쥐를 붙잡아 호통을 쳤지
겁 없이 잠을 깨우다니 혼줄을 낼 테다
사자에게 붙잡힌 생쥐는 싹싹 빌었어
"용서해 주시면 꼭 은혜를 갚을게요."
사자는 생쥐를 풀어 주었지.
며칠 후 사자가 사람의 덫에 걸렸어
사자는 발버둥쳐도 나올 수가 없었지
"아이고 원통해라 누가 나 좀 살려줘."
소식 들은 생쥐가 친구들과 달려왔어
밧줄을 쏠아 사자를 구하자 사자는 고마웠어

〈이솝 우화〉
여우와 두루미

　　여우는 숲속에 오두막집을 짓고 살았습니다.
　　어느 날 그는 강가에 사는 두루미를 찾아갔습니다.
　　"두루미님, 제가 맛있는 음식을 준비했으니, 오셔서 맛있게 잡수십시오."
　　"너무 감사합니다."
　　두루미는 여우를 따라 오두막집으로 갔습니다. 여우는 납작한 접시에 맛있는 고기수프를 담아 식탁 위에 내놓았습니다.
　　"두루미님, 아주 진하고 맛있는 고기수프입니다. 시장하실 텐데 많이 잡수세요."
　　두루미는 부리가 뾰족해서 납작한 그릇에 담긴 고기수프를 먹을 수가 없었습니다.

여우는 입맛을 다셔가며 국을 맛있게 먹었습니다. 두루미는 우두커니 앉아 여우의 모습을 물끄러미 바라보고 있었습니다.

"왜요? 두루미님, 맛이 없으세요? 나는 너무너무 맛있는데……."

여우는 마침내 두루미의 접시에 담긴 고기수프도 홀짝홀짝 다 먹어 버렸습니다.

두루미는 몹시 배가 고팠습니다. 아무것도 먹지 못하고 냄새만 맡은 두루미는 생각할수록 약이 올랐습니다.

'나도 네 녀석을 똑같이 대접해 주지.'

두루미는 화를 참으며 상냥한 목소리로 말했습니다.

"여우님, 다음에는 제가 초대하겠습니다. 저의 집에 아주 맛있는 음식이 있거든요. 내일 해질 무렵에 저의 집으로 오시지요."

다음 날 여우는 어서 빨리 해가 지기를 기다렸습니다. 해가 뉘엿뉘엿 서산마루로 자취를 감추자, 강가에 있는 두루미의 집을 찾아갔습니다. 두루미의 집은 갈대를 엮어 지었는데, 경치가 좋았습니다.

"어서 오십시오, 여우님. 이렇게 누추한 저의 집을 찾아 주시니 영광입니다. 잠시만 기다려 주십시오."

두루미가 친절하게 말하자, 여우는 기분이 좋았습니다.

두루미는 목이 좁고 긴 호리병 속에 맛있는 고기국을 그득 담아 왔습니다. 두루미는 길고 뾰족한 부리로 병 속의 국을 맛있게 먹기 시작했습니다.

여우는 아무리 궁리를 해도 병 속의 고기국을 먹을 수가 없었습니다.

"이렇게 맛있는 국물을 왜 보고만 있으시지요? 여우님은 고기국을 싫어하시나 보죠?"

두루미는 슬슬 약을 올렸습니다.

"아, 갑자기 속이 좋지 않아서……."

"그럼 제가 대신 다 먹겠습니다."

두루미는 긴 부리를 병 속에 넣어 여우의 몫까지 맛있게 먹었습니다.

여우는 군침을 삼키며 그 모습을 잠자코 지켜 보고만 있었습니다.

〈동화시〉

여우와 두루미

　　박상재

　　여우가 두루미를 집으로 초대했어요
　　두루미는 숲속 여우집을 찾아갔어요
　　접시에 고기 수프를 내놓았어요
　　"진하고 맛좋은 수프니 맛있게 드세요."
　　두루미는 부리가 길어 못 먹었어요
　　허기를 참으며 먹는 모습만 바라보았어요

　　화가 난 두루미도 여우를 초대했어요
　　여우는 강가 두루미집을 찾아갔어요
　　호리병에 고깃국을 내놓았지요
　　"진하고 맛좋은 고깃국 맛있게 드세요."
　　여우도 병 속 고깃국을 못 먹었어요
　　군침을 흘리며 먹는 모습만 지켜보았어요

4. 동화시 감상

별이야기

임인수

산포도 익어가는 이른 가을
깊은 산골의 밤-
노래하는 가을 벌레들이
은방울을 흔들며 은피리를 불면서
아름다운 곡조로 쟁쟁거립니다.
참으로 기차, 전차 소리 시끄러운
서울 같은 데서는 생각도 못 해 볼
훌륭한 합창대입니다.

구름도 깨끗이 씻기고
바람은 맑고 시원하야
한없이 즐거운 밤입니다.
그래서 영이네는 저녁을 먹고
모두 마당으로 나왔지요.

영이네 마당 앞밭에는
수숫대가 쭉 느러섰지요
그 키장다리 수숫대는 까맣게 올라가
하늘꼭대기에 다었나 봅니다.

영이 아빠는 별이야기를 썩 잘하십니다.

그러기 때문에 영이 엄마도 동생도
지금 얘기듯노라 아무것도 몰읍니다.

그런데 얘기 잘듯든 영이가
오늘밤은 무슨 생각이 났는지
어데로 없어졌읍니다.
아조 아조 아무도 몰으게……

영이는 무섬도 없는지
저혼자 파랑파랑 반디불을 쫓아서
호롱 호롱 도망치는 대로
탈삭 탈삭 쫓아서는
수수밭께까지 왔읍니다.
'고놈, 어데로 갔을까?……'
영이 고개는 갸우뚱-
그러나 반디불은 어데로 숨어버렷는지
찾어낼 재간이 있어야지요?
반디불은 수수닢에 가려 숨고-.
영이의 눈은 또롱 또롱
반디불을 찾노라
무섬도 무엇도 철리로 다러났지요
'올치 인저 찾았다!'
하다가 다시한번 자세이 보니까
웬걸, 반디불이 아니겠지요!

파랑별, 붉은별, 은빛 금빛 모자를

나란이 쓴 별들—
모다 눈을 반짝어리며 수수밭에
내려와 이야기하는가 봐요.
애기별들은 그 키다리 수숫대에게
그냥 엉석을 부려가면서
닢파리 뒤에서 숨박꼭질도 하는가 봐요
엄마별, 아빠별, 언니별, 오빠별
그리고 아가별들
식구도 많은가 봅니다.
별나라는 마당이 크기도 합니다.
동, 서, 남, 북으로 빽빽 둘너 찼읍니다.
아마 백, 천, 만도 더 되고……
얼마나 되는지 몰으겠어요.

그러다가 영이는 그때
반디불은 못찾고 와 소리에
놀래여 줄다름처 마당으로 왔읍니다.

지금 본 별나라 얘기를……
처음 봤다고 재재김니다. 그러니까
엄마 아빠 모다 이상스레
좋아하시겠지요.

영이동생은 그 수많은 별가운데서도
똑 꼬마별만 찾어내서는 저별은
내꺼 내꺼하고 떠듭니다.

그러면 영이는 한시 지지않고
그 중 커다란 샛별만 골나서는
저건 내별 이것도 내별하는 것입니다.

별은 흐리지 않은 밤이면 언제나
땅우를 내려다 봅니다.
영이네 동리는 더잘 내려다 보고요.

애기가 코-코 잠잘 때는
아기네 울타리께로 내려가서는
고 창구멍 송송난데로
들여다도 본답니다.

내려다 보는 별-
올여다보는 아이들-
그 샛별눈들이 마주처서
어여삐 우습니다.

착한 별들은 언제 보아도
착한 아기같고
착한 아이들은 언제 보아도
반짝 반짝 빛나는
샛별 같읍니다.

가만- 보면 별들이 소물소물
서로 이야기하잔어요!

그렇지만 아조 멀어서 그런지
얘기소리는 잘 안들입니다.
별아기들 목소리가 들인다면
얼마나 좋을넌지요
영이는 곰곰 이런 생각도 해본답니다.

아마 키다리 수숫대는 좋을데지요.
그 반짝이는 별들과 장난을 하고
이야기도 들을 수 있을 것이니까요

별들은 밤깊도록 수수밭에서
노는가 봅니다.
또 연못있는 동리에서는
연못속에서도 놀지요
수남이나 복동이가 잠들은
동리에서는 그 지붕 우에서
이야기를 하는가 봅니다.

소군 소군 들리지는 않지만
먼 옛날 호랑이 얘기
말 잘타고 활 잘쏘는
할아버지 얘기를
속사기는가 봅니다.

영이네 동리-
그 동리는 별이 가득찬

그 별바다 속에 파묻쳤읍니다.

암만 보아도 보아도

별나라가 되어 있읍니다.

별나라! 별나라!

영이네 동리는

별나라입니다.

− 《아이생활》 1943년 2월호

[바보 이반[65)]의 노래]

박영종

---

65) 「바보 이반」은 러시아의 작가 레프 톨스토이의 단편소설이다. 1886년 단편소설로서 러시아의 민속동화 「바보 이반」을 재구성한 작품으로, 러시아 문학사에서 중요한 단편소설로서 평가 받고 있다.
  옛날 어느 나라에 군인 세몬, 타라스, 바보 이반과 그들의 여동생(벙어리) 몰타 4형제가 있었다. 그의 형제는 세상의 재화인 돈과 군사력으로 쉽게 유혹하고 있지만, 단순하고 순박한 이반은 그의 삶의 간단한 방법으로 악마를 퇴치한다. 큰형 세몬을 대신해 악마를 물리쳐 군인이 얼마든지 나올 마법 옥수수와 비비면 금화가 얼마든지 나올 마법의 잎, 어떤 병에도 효과가 있는 뿌리를 내 도움을 구한다. 대악마는 인간으로 둔갑하여 권력욕과 군사력에 집착하는 큰형 세몬에게 접근한다. 장군으로 둔갑한 악마에 속아 전쟁을 하게 된 형 세몬은 파멸하게 되고, 둘째형 타라스 역시 상인으로 둔갑한 악마에 속아 재산을 탕진하게 되고 다시 무일푼이 된다. 마지막으로 대악마는 이반을 파멸시키기 위해 큰형 세몬 때와 마찬가지로 장군으로 둔갑하여 군대를 가지도록 유도하지만 이반의 왕국에선 모두 바보같이 순박한 사람들 뿐이라 군사의 필요성을 느끼지 못해 실패한다. 대악마는 다시 상인으로 둔갑 금화를 뿌리지만, 이반의 순박한 백성들은 의식주가 해결된 상태에서 재화에 몰두하지 않아 실패한다. 그뿐만 아니라 마귀는 돈으로 집을 지을 수 없고, 음식을 살 수 없기 때문에 남은 찌꺼기 밖에 먹지 못하는 신세가 되기도 한다. 이반은 결국 군사력과 물질적 재화의 부족에도 불구하고 국가의 통치자가 된다.
  바보 이반 왕국의 계명은 "손에 굳은살이 박힌 일하는 자들만 음식을 먹을지어다, 일하지 아니하는 자들은 남은 음식만을 먹을 것"이라 이 작품의 주제를 관통하고 표현한다고 볼 수 있다. 표면적으로는 러시아 우화의 재구성으로 보이지만 내포된 작가의 뜻은 작가 스스로의 정치적 성향인 기독교 아나키즘 성향이 표출된 작품이며, 러시아 귀족들의 무위도식과 탐욕을 비판하고, 땀을 흘려가며 정직하게 일하는 러시아 농민들의 성실함을 찬양하는 사회비판소설이다.
  톨스토이의 작품 세계의 특징 중 하나인 리얼리즘의 문체를 사용하는 작가로서, 본 작품에서도 배경 정보나 주제 정보는 판타지성이 다분하나 그가 말하고자 하는 바, 즉 실제 인간 사회에서 적용되는 교훈과 그의 사상(기독교 아나키즘)을 등장인물의 육체나 행동 및 사건 사고의 묘사를 통해 그 인물의 심리를 표현하였다. 그 정확한 묘사력에 더해 심리에 대한 깊은 통찰, 단어의 엄밀한 선택 등이 수많은 등장인물의 개성을 선명하게 나누어 묘사한다.

별

    바보 이반집
    지붕 위에는
    주먹보다 굵은
    별이 빛난다.

    통나무로 다듬은
    침대 위에
    이반은 활개 펴고
    잠을 자는데

    때록대록 굵은
    초록별은
    환한 등불처럼
    밤 새 빛난다.

세간

    바보 이반집
    세간사리는

    커다란 통나무
    의자 두어 개
    의자 두어 개

바보 이반집
세간사리는

두툼한 나막신
열두 켤레
열두 켤레

바보 이반아
"손님 오셨다"
"손님 오셨다"

주발만한 찻잔
차를 딸아
큼직한 두 손으로
받쳐들고 나왔다
받쳐들고 나왔다.

이완의 병정

- 저기 오는 병정은
이반 병정
노랑나팔 때. 때. 때.
빛나는구나

- 이발은 길다란

가죽장화,
　　신이 나서 꺼떡꺼떡
　　따라오누나.

　　- 수풀에는 나뭇잎
　　초록 나뭇잎
　　언덕 위에 예배당
　　종이 우는데

　　- 논 귀마다 골골골
　　물이 흐르고
　　어디선지 우렁이
　　울고 있는데

　　- 저기 오는 병정
　　이반 병정
　　파란 모자 짝. 짝. 짝
　　빛나는구나

바보 이반집

　　바보 이반 집은
　　통나무 집
　　두툼한 송판문
　　달아 두었다.

길 가던 나그네
시장하며는
문밖에서 뚝뚝뚝
녹크하였다.

손님 대접은
우유 한 잔,
벌통에서 갓 떠 온
꿀 한 주발

나그네 고단하여
쉬 잠이 들며는
람프 불 나직히
죽여 놓고서
이반도 커다랗게
코를 곤다

꿀벌

  꽃이 폈구나
  자줏빛 라일락
  이반 집은 꽃 속에
  파묻혔는데

  꿀벌은 닝닝닝

꿀을 따 나르네
까맣고 노오란
이반네 꿀벌

이반은 오늘도
들에 나가서
하루 종일 밀밭 고랑
타고 있는데

집 안에는 귀먹어리
이반네 누이
소로롱 소로롱
실만 **뽑**는데

꿀벌은 닝닝닝
꿀만 물고 나르네
자그맣고 부지런한
이반네 꿀벌.

-《어린이나라》1949년 9월호

싸움 놀이

이원수

편싸움 놀이
야릇한 흥분을 즐겼었다.

하늘 가득
노을이 핏빛으로 식어 갈 때
적은 드디어
징그러운 독사,
울부짖는 맹호 되어
우쭐대며 떼지어
덤벼들었다.

내 편을 돌아보니
어둠 속에 나 혼자였다.
검은 가운을 입고 고독(孤獨)만이
지그시 눈 감고 서 있었다.

나는 터뜨리려던 울음을
이빨로 깨물었다.
'고독'이 내 귀에
속삭여 주었다.

"독사의 입에는 돌멩이,
호랑이의 아가리엔 불덩이가 되라."고.

"오냐! 오냐!"
(오냐, 오냐!)

아! 나는 돌이요, 불이었다.
아니,
밟아도 꿈쩍 않는 땅덩이였다.

적의 무리는
물결처럼 출렁이며
헛돌며 거침없이 흘러갔다.
어둠 속 먼 늪에서
만세 소리
아스라니 잠겨져 갔다.

-《카톨릭소년》1966년

햇네와 무지개
    이상현

꽃뱀처럼, 꽃뱀둥처럼 너무 곱고,
가늘어서 눈부시던 한낮의 바람.
모두 어디로들 가버렸구나.
지금은 막 소나기만 쫘악 숨이 가쁘고-.
오늘, 여기 하늘가 한 자리엔,
세상에선 처음으로 세 동무가 모이기로 한 것이란다.
높다랗게, 높다랗게 올라앉아,

동무들은 얼굴을 서로이 하고,
가까이 발아래 소나기를 구경하고 있는 것이란다.
아니, 아니, 아니다. 소나기 구경이 아니다.
정말 세상에선 처음으로 〈달네〉와 〈별네〉와 〈햇네〉가 만나
오늘은 어떤 일이 있어두 〈지구〉까지
꼭 한번을 내려와 놀고 가겠다는 것이란다.
소나긴, 풍풍풍 날리는 소나기는
산봉우리를 비잉 돌아 건너고 있구나.

(2)
〈지금부터 내기 하는 거야!?〉
〈무얼?〉
〈노래?〉
〈아냐.〉
〈얘기?〉
〈싫어.〉
〈그럼?〉
〈딴거.〉
〈뭘?〉
〈여기서 말야, 지는 편은 지구까지 내려가는
긴 다리를 만들어 놓는 거야.〉
〈그렇게 힘든 일을?〉
〈그치만 말야, 우리가 지구까지 가려면 어떡허니?〉
〈혼자서 만드는 거야?〉
〈그럼!?〉
〈아이, 힘들겠구나!〉

〈별 수 있니? 지는 편은…….〉

〈나머지 두 편은?〉

〈그럼, 두 편은 어떡허니?〉

〈그럼 말야, 이렇게 해.〉

〈어떻게?〉

〈일등, 이등, 삼등까지 뽑기로해〉

〈…….〉

〈1등은 말야, 재미있는 얘기 하나 하구,
2등은, 얘기에 노래 하나 더 하구…….〉

〈3등은?〉

〈지구를 구경시키는 일이야.〉

〈어머! 그 다리를 만드는 거니?〉

〈그럼!〉

〈그래.〉

〈그래.〉

(3)

가위!

바위!

보!

가위!

바위!

롯!

붓!

봇!

〈야! 야!〉

〈이겼다.〉

(4)

〈달네〉가 일등이었다.

〈나는 하느님께 갔었단다.

내가 이 세상에서 가장 원하는 것이 있었단다.

내가 이 세상에 나오기 전까진

지구 사람들은 어두운 밤이면 움쩍도 못했단다.

그래서 나는 하느님을 찾아, 무릎을 꿇고,

제발 밤이면 환안한 빛을 켜구, 나갈 수 있게 하여 주시옵소서.

하고 매일 기도를 드렸단다.

아! 그랬더니 말야. 하느님께선 아주 기뻐하시면서

며칠 후에 나를 불러들이셨단다.

그 자리에서 난, 〈한국〉이라는 나라의 〈서울〉에

제일 큰 공원 〈남산〉이 있다기,

거기루 놀러 나오는 아이들이 또 많다지 않니?

그래서 그 공원을 비춰 주고 싶다구 했더니,

하느님께선 그때 말야,

"아니야, 착한 한국의 어린이는 그 공원에만 있는 게 아니야.

먼, 먼, 두메나 아주 외딴 섬에도 많은 어린이는 자라구 있단다."

하시지 않니? 그래서 난, 지구엔 정말 많은 아이들이 산다는 걸 알구,

골고루 골고루 내 빛을 켜 주기로 했어.

하느님께선 내 이름을 〈달네〉라고 지어 주셨어.〉

(5)

2등은 〈별네〉였다.

노래가 끝났다. 소나기 위를 고요히 고요히 흘러갔다.

〈난, 어느 몹시 두 어두운 밤,

심한 바람이 뒤덮여 불쌍한 뱃사공들의 쩔쩔매는 얼굴이

너무 안타까와 견딜 수가 없었어.

그래 나두 하느님께 빌었단다.

제발, 뱃사공들이 나를 쳐다보기만 하면,

동, 서, 남, 북쪽을 모두 알아보구 말야.

뱃길을 무사히 가게.

그리구 〈달네〉 네가 없는 밤이라두

놀러 나온 아이들이 옹기옹기 모여,

별 하나 꽁꽁. 별 둘 꽁꽁. 별 셋 꽁꽁.

이렇게 재미나는 내기놀이를 시키게 말야.〉

(6)

빨강에

주홍 엮고,

노랑에

파랑

남

초록 꿰어

보라 달고.

소나기가 막 걷힌다.

〈햇네〉는 열심히 다리를 만들다가는

다시 하느님께 기도를 올렸다.
〈정말, 정말 하느님 지구까지 내려갈 수 있는
다리를 꼭 만들게 하여 주셔요. 네? 네? 하느님!〉

소나기는 갔다.
뽀얗게 뽀얗게.
〈햇네〉는 두 손을 꼭 모았다.
〈저거 좀 봐!〉
〈야! 저 다리…….〉
〈떴다.〉
〈떴다.〉

- 《가톨릭소년》 1964년 9월호

책상들의 속삭임

정상묵

유리창 너머로
저녁놀이
발갛게 익어 갈 무렵이면
교실은 조용해집니다.

유리창 너머로
저녁놀이
발갛게 익어 갈 무렵이면
교실은 조용해집니다.

맨 앞에서부터
영이 책상
순이 책상
돌이 책상……

오늘은
돌이 책상의 얘기 차례

운동장이 와글와글
들끓는 점심시간
돌이는 살금살금
교실에 들어와서는
사방을 둘레둘레
살펴보다가
순이의 필통을 열어
몰래몰래 백 원을
훔쳤읍니다.

필통을 열어 본 순이,
푸르락 붉으락
선생님께 사실을
여쭈었읍니다.

선생님은
눈을 감게 한
아이들의 얼굴을 살펴보시다

발갛게 익은 돌이 얼굴
지켜보십니다.

두근두근 뛰는 가슴
리듬에 장단 맞춘
돌이 머리엔
어제 일이 자꾸자꾸
나타났다 지워집니다.
밥달라고 칭얼대는
우리 아기 울음에
아빠 눈도 엄마 눈도
눈물이 글썽해집니다.

"전쟁터에서 다리를 잃지
않았더라면……."
아빠는 노래처럼 말씀하시다
종내는 눈물을 지으십니다.

올 따라 품삯도 팔기 어렵다고
엄마도 아빠 따라 한숨을 짓고
눈언저리에 구슬을 맺으십니다.

그럴 때
돌이는 아기를 업고
파도같이 일렁이는
보리밭을 찾아서

깜보기를 하나하나
뽑았습니다.

"오빠, 이거 과자지?"
깜부기를 과자라고
좋아 뛰는 아기 얼굴,
돌이는 머리를 끄덕였지만
입술은 자꾸 자꾸 굳어집니다.
"오빠가 내일은 꼭 과자 사 온다."
돌이는 아기 머리 쓰다듬으며
다시 한 번 입술을 깨물었습니다.

까만 눈동자를 굴리며
방실방실 웃는 아기 얼굴이
빛났습니다.

그러나,
남의 돈을 훔친 건
잘못이었다고
양심은 자꾸자꾸
호통칩니다.

선생님은 호주머니에서
몰래 꺼낸 돈을
"모두 눈을 떠라
순이 돈은 쓰레기 통에 있더라."

돌이는 아기가 좋아하는
과자랑 사가지고
살같이 살같이 달려와서는
아기 손에 꼭
쥐어 주었습니다.
아기는 깡충깡충
바깥으로 달려나가
동무들께 자랑하기
바빴습니다.

가방을 열어 본
돌이 눈동자.
뱅 배-ㅇ 맴을
돌았습니다.

한 도막에 까맣게
적혀 있는 건
선생님의 따뜻한
사랑이었습니다.

우리는 항상 깨끗이 살아야 한다고,
집 사정이 돌이를
그렇게 만든 것이라고,
그러나 그런 환경 물리치고서
티 없이 살아야 한다고,
선생님은 지금도

돌이가 그렇지 않을 거라고
믿고 또 믿고 있다고.
돌이는 책상에 엎디어
엉엉 흐느껴 울었습니다.
창문으로 들어온 달님이
방글방글 웃으며
돌이를 어루만져 주었습니다.

돌이 책상의 얘기가
끝났습니다.
여러 책상들은
제각기
"어쨌든 돌이는 마음이 검다."
"그렇지만 어쩔 수 없는 일이었다."
이렇게 토론이 끝났지만
모두 모두 돌이를
동정하는 얼굴들이었습니다.

책상들은 잠자리에 들어갑니다.
다리를 다친 걸상들,
얼굴을 할퀸 책상들의
앓은 소리가 들려옵니다.

그러나 달님마저 숨어버린
이 밤,
속삭이는 별들을 바라보며

또 내일,
참새 같은 아이들이 그리워
이 밤도 지루하다고
얼굴을 맞세우고 서성댑니다.

- 《카톨릭 소년》 1964년 9월호

꽃밭에서 들려오는 웃음소리
 정상묵

 새싹이 쏘옥 나왔다.
 서로 얼굴을 문지르며 쏘옥 나왔다.

 그들은
 제 나름의 옷차림.
 제 나름의 얼굴로
 사이좋게 자랐다.

 나날은 흘러갔다.

 우뚝 솟은 해바라기는
 제멋대로 활개를 치고 있었다.

 그러나
 작은 꽃들은
 우연히, 그리고 자연히

함께 뭉치자고
똑같이 다짐했다.

사자로 뽑힌 나팔꽃은
줄을 타고 올라갔다.
해바라기를 감고 올라갔다.

그는 작은 꽃들의
뜻을 전했다.
그렇지만
해바라기는
더더욱 활개를 쳤다.

또 나날은 흘러갔다.

해바라기는
팔을 늘어뜨리고
고개를 푹 숙였다.

나팔소리가 흘러나왔다.
작은 꽃들은
나팔소리에 발맞춰 자랐다.

꽃밭엔 웃음소리로 꽉 찼다.
바람에 너울너울 흘러나갔다.

- 《카톨릭소년》 1967년 6월호

용철이와 해바라기 세상 바꾸기
신현득

용철이와 해바라기가 몸을 바꿨지

"용철이 너, 왜 날 쳐다보니?"
해바라기가 물었지.

"네 키가 부러워서 그래."
꼬마 용철이가 말했지.

"초록나라 해바라기 우린
모두 키다리야."

"또 있지.
커다란 네 웃음이 좋아."

"난 용철이 네가 부러운 걸.
걷고 뛰어다니는 게 좋아 보여."

"그럼, 우리 서로 몸을 바꿀까?"
"그거 좋지."

"해바라기 넌 '용철이된해바라기'
난 '해바라기된용철이'다."

"그래 그래, 지금부터다!"
"얍!"

용철이는 해바라기로
해바라긴 용철이가 됐지.

해바라기, 사람 됐다!

'내가 사람 됐다. 야아!'
용철이된해바라기가 마음속으로 소리쳤지.
걸어 봤지. "되네."
뛰어 봤지. "되네."

옷 입기도 첨이다.
누워서 잠자기도 첨이다.
"따르릉!"
알람에 맞춰 일어나기도 첨이다.
세수도 첨이다.
밥 먹기도 첨이다.

둘러앉은 식구 모두
해바라기를
용철인 줄 아네.

"망 망 망!"

강아지도
용철인 줄 아네.

'나는 나는 사람 됐다!'
용철이된해바라기는
골목길을 마구마구 뛰었지.
'뛰자, 이게 사람공부다!'

학교에 간 해바라기

해바라기란 게 들통날까 봐
용철이된해바라기는
조심조심 학교에 갔지.

"용철이는 오늘도 씩씩하네."
교문에서 수위 아저씨가 칭찬하네.
인사 꾸벅하니 선생님도 칭찬이셔.
"용철이는 오늘도 씩씩하네."

동무들 모두가 반기는 걸.
손잡는 동무가 있었지.
한 책상 짝꿍이었지.
그래도 용철이된해바라기는
조마조마.

해바라기로 있을 때
한글은 배워 뒀지만
수학은 아주 캄캄.

선생님이 불러내어
수학 한 문제 풀라 하심
어쩌지?

그런데 다행히 선생님은
"용철이는 잘하니까." 하고
불러내진 않으셨지.

그런데 날벼락이야!
모레 2교시에 수학시험이래
"어쩌지?"

해바라기가 100점

학교서 돌아가는 길에 용철이된해바라기는
담 밖에 있는 용철이한테 들렀지.
용철이는 해님 같은 해바라기 꽃으로
환하게 웃고 있었지.

"그런데 용철아, 다시 바꾸자."
용철이된해바라기가 징징 짜며 말했지.

"왜 그래?
난 바꾸고 싶지 않아. 재미있는 걸."
"모레 수학시험이야. 들통 나면 용철이 너 망신이지."

"공부하면 될 거야. 내 공책을 달달 외워 가면 돼."
"자신 없는 걸. 빵점 맞음 어쩌지?"
"될 거야. 그렇게 해봐."
"걱정인 걸."

그런 말하던 해바라기가
정말 이틀 밤을 수학과 씨름했던가 봐.
자신 있게 주적거리며 학교에 가
시험을 봤지.

"오늘도 용철이만 백 점이구나!"
선생님이 시험지를 나눠 주셨지.
짠–!
동무들 눈이 용철이된해바라기에게 쏠렸지.

"또, 백 점이냐?"
집에까지 칭찬이 이어졌지.

먹새 좋은 해바라기

용철이된해바라기, 무엇이나 잘 먹는다.

"밥 맛있다, 맛있다.
김치 맛있다."

채소 골고루. 휘딱휘딱 먹는다.
사람 몸 바꾸길 잘했지.
이렇게 좋은 음식 먹는 건
사람이 됐기 때문이야.

사탕 달다, 달다. 과자 꼬시다 꼬시다.
자꾸 자꾸 먹으니 칭찬 받는다,
"먹새 좋은 걸, 잘 크겠어." 하고.

힘이 세어졌다.
냇가 모래판에서 벌어진 씨름에서
다리 꺾기, 배지기, 메어치기에 당할 자 없다.
"용철이 판막음이다!"
소리치는 꼬마들 앞에서 벙글거리는 해바라기. 이제부터
'나는 해바라기인걸.' 그 생각 않는다.

골목 축구에도 인기다.
골문 지켜도 이긴다.
공격에 나서도 이긴다.

먹새 좋아서
힘세다!
— 이하 줄임 —

[삼국유사를 노래한 동화시]

아침나라 이야기
이경애

⟨고조선의 건국⟩
신시(新市)의 아침

환웅 이야기

세상의 처음은
하늘
땅
그리고 사람이었네

아주 높은 곳 오색구름 피어나는 곳
하늘의 비단 옷을 입은 환웅
하늘 임금님의 아들 환웅은
하루 종일 내려다보며 생각했다네
오색 구름 아래
다소곳 자리잡은 삼위태백 그 아래
나무와 꽃과 짐승과 더불어 사는 사람들
밭을 갈고 열매 줍고 고기 잡는 사람들
하늘의 마음으로 사는 사람들을

하늘 옥좌 임금님 환인을 찾아가서

환웅은 허리 굽혀 간절하게 말했네
- 아버지,
오색구름 피어 오르는 저 아래
다소곳 자리잡은 삼위태백 그 아래
하늘만 우러르며 사는 저 어진 사람들과
함께 곡식 거두고 함께 열매 주우며
함께 모여 살고 싶습니다

아들의 뜻 헤아린 하늘나라 임금님
곰곰 생각 끝에 고개를 끄덕끄덕
하늘의 징표를 내어 주셨네.
천부인 세 개를 내어 주셨네

- 너를 도와줄 사람
삼천 명과 함께 가거라
하늘 아래 백성을
너의 뜻으로 보살피어라

환웅은 눈부신 빛을 뿌리며
천천히 천천히 내려왔다네
오색구름 사이로 내려왔다네

바람을 다스리는 풍백
구름을 다스리는 운사
비를 다스리는 우사를 앞세우고
뒤를 따르는 삼천 명의 무리들과

눈부신 빛 사이로 오색구름 사이로
삼위태백 그 아래 신단수를 향하여

저 빛나는 구름!
옷깃 스치는 소리인가
구름 밟는 소리인가
귓가를 스치는 바람 소리도 신묘하네
– 중략 –

참 사람이 된 곰

웅녀이야기
곰 마을과 범 마을에 높은 산이 있었네
도토리 개암이 열리는 나무 숲에
햇빛 들어 포근한 동굴 하나 있었네
곰마을의 어린 곰
범 마을의 어린 범
친구되어 살았네. 사이좋게 살았네
어떡하면 사람 될까
어떡하면 참 사람 될까
환웅님의 신시를 내려다 보며
오가는 사람들을 부러워했네
어떡하면 사람될까
어떡하면 참 사람 될까

붉은 노을 남긴 채 해는 서산 넘어가고
반짝, 초저녁별 하나둘 나오고
새들도 집을 찾아 날갯짓 바쁜데
어린 곰은 동굴 앞에 나와 앉았네
마을에서 곰실곰실 저녁 연기 오르는데
꼼짝 않고 마을만 바라보았네

슬그머니 다가와 곁에 앉은 어린 범

- 내일 다시 환웅님께 가 보자
내일은 우리 바람 들어주시겠지
귀기울여 우리 소원 들어주시겠지

어린 곰과 어린 범은 한숨을 내쉬었네

이튿날
어린 곰과 어린 범을 맞이한 환웅님

- 그토록 사람이 되고 싶으냐?
- 예, 사람이 되고 싶어요
사람 중의 사람
사람다운 사람이 되겠습니다.
저희를 사람 되게 도와주세요

환웅님은 다정하게 바라보았네
환웅님은 그 소원 들어주고 싶었네

- 매운 것 중 가장 매운 마늘 스무 개
　　쓴 것 중 가장 쓴 쑥 한 다발
　　이것 먹고 백일 동안 동굴 속에 있어라
　　이것 먹고 백일 동안 햇빛 보지 말거라
　　사람이 되기는 쉽지 않은 일
　　이것 먹고 석 달 열흘 견뎌 보아라
　　　- 아래 줄임 -

〈신라의 건국〉
　양산우물가의 자줏빛 알

　박혁거세 이야기

　　봄빛 도는 들과 산
　　풀 향기 코끝을 간질이고
　　아지랑이 감도는 알천 언덕에
　　여섯 마을 촌장이 모여 앉았네

　　아주 옛날 조선에서 살던 사람들
　　아주 오랜 세월 동안
　　차츰 차츰 남으로 내려와
　　낮은 산에 둘러 싸인 넓고 넓은 들녘에
　　옹기종기 모여서 자리잡았네
　　여섯 마을 이웃하여 하루하루 살았네

봄빛 돌아 천지는 새싹으로 푸른데
알천 언덕 여섯 촌장님
근심어린 얼굴 소리 없이 새는 한숨

– 어진 사람 찾아서 왕으로 모셔야 해
언제부턴가 제멋대로인 백성들
아랫사람 버릇없고 윗사람은 덕이 없고
마음 놓고 밤길 한번 나다니지 못하고
늘어나는 백성 늘어나는 걱정거리

– 덕 있는 사람 찾아 나라를 세워야 해

머리를 맞대고 도란도란 여섯 촌장
이씨 조상 알천 양산촌의 알평
정씨 조상 돌산 고허촌의 소벌머리
손씨 조상 무산 대수촌의 구례마
최씨 조상 자산 진지촌의 지백호
배씨 조상 금산 가리촌의 지타
설씨 조상 명활산 고야촌의 호진
– 어진 사람 찾아서 왕으로 모십시다
덕있는 사람 찾아 도읍을 정합시다
슬기로운 사람 찾아 나라를 세웁시다
– 중략–

하늘이 내려 주신 자주색 알
해와 달이 더욱 더 밝아졌으니

그 뜻을 따라서 혁거세라 불렀네.
거서간 혁거세는
몸과 마음을 정갈하게 다듬어
여섯 마을 위하여 하늘에 제사 지내고
여섯 마을 위하여 하늘에 기도했네.

나이 아직 어리지만
나라와 백성 이끌어 갈
첫 임금의 모습을 갖추어 갔네.
세상을 밝게 하리라
거서간 박혁거세!

〈고구려의 건국〉
　요룡거를 타고

　해모수 이야기

바람은 따스하고 들판엔 새싹 돋고
흰 구름 동동 떠다니는 봄 하늘 아래
옹기종기 버섯처럼 처마 맞대고
오순도순 오가는 정겨운 마을

개울을 사이에 둔 이 마을 저 마을
언덕을 사이에 둔 저 마을 이 마을
밭을 갈고 씨 뿌리는 마을 사람들

둥실, 달이 뜨면 동산 향해 풍년 빌고
둥실, 해가 뜨면 동녘 향해 평안 빌고
또 하루의 태양이 꿈틀거리며
동녘 하늘에 아침노을을 만들고
무지개 빛 꽃물로 번져 오던 날
이날따라 맑은 하늘
이날따라 푸른 하늘
이날따라 구름 빛 곱디고운 하늘
드높이 먼 하늘 구름 사이로
오룡거가 나타나 마을로 내려오네

다섯 마리 용의 비늘
햇살 받아 눈부시고
수레바퀴 소리에
우르르르 울리는 땅
새들이 화다닥 날아오르네

오룡거를 타고
오우관을 쓰고
용광검을 차고
흰 고니를 탄 무리에 둘러싸여
하늘에서 내려온 해모수
수릿골에 자리잡고
나라를 세웠네 부여를 세웠네
  - 아래 줄임 -

도읍을 옮겨라

해부루와 금와 이야기
아침이면 동산에 해 오르고
저녁이면 서산으로 해 저무네
저녁이면 동산에 달 오르고
새벽이면 서산으로 달 기우네

아침 저녁 새벽이 한결같듯이
해부루의 부여국은 한결같았네
하루가 한 해같이 한결같았네
밭 갈고 고기 잡고
열매 따고 사냥하고

봄 여름 가을이면
산과 들에 뛰어 노는 어린아이들
개울에서 미역 감고 물장구 치고
밤이면 쑥불 곁에 둘러앉아서
도란도란 이야기꽃 활짝 피우네

한 해 끝에 하얀 눈이 펑펑 내리면
두 손 호호 불어 가며 두 발 동동 굴러가며

새 발자국 꽃 발자국 둥글둥글 찍어 보고
화롯불에 둘러 앉아 손 녹이고 발 녹이고
도란도란 이야기꽃 활짝 피운네

하루가 한 해같이 한해가 하루같이
밭 갈고 고기 잡고 열매 따고
도란도란 얘기하며 오순도순 살았네

살기 좋은 나라를 만들었지만
해부루왕에게는 아들이 없네
해 바뀌고 또 바뀌고 또 바뀌어도
하늘에 기도하고 또 기도해도
부여를 이어야 할 아들이 없네

새 날이 밝아 나라일 보는 자리
재상 아란불이 왕 앞으로 나섰네
- 간밤 꿈에 천제께서 말씀하셨습니다
수릿골을 떠나라
동쪽 바닷가 가섭원에 도읍을 세워라

넓은 들과 기름진 땅 있으니
오곡이 풍성하여 거둘 것이 많으리라
- 아래 줄임 -

닷 되들이 알의 신비

주몽 이야기

동부여 가섭원은 기름지고 넓은 땅

곳간에는 오곡이 가득
그물에는 물고기가 가득
금와왕의 백성들은 편안했다네

시원한 바람 부는 어느 여름날
태백산 남쪽 우발수의 어부들이
걱정스레 달려와 금와왕께 아뢰었네

- 물고기 도둑이 생겼습니다
아무리 애를 써도 찾을 수가 없습니다

금와왕은 어부들을 따라서 우발수로 나갔네
이곳저곳 둘러보고 여기저기 살펴봐도
인기척 하나 없이 흐르는 물소리뿐
금와왕과 어부들이 발길을 떼려는데
물결이 일렁이며 서서히 솟는 바위

바위 위에 한 사람이 등 돌리고 앉아 있네

- 여보시오! 여보시오!

아무리 불러도 들은 척을 안 하네
그물 던져 끌어내니 예쁜 아가씨
금와왕은 여자에게 까닭을 물었네

- 물속 나라 하백의 딸 유화입니다

나의 남편 해모수를 기다립니다

　　유화는 고개 들어 금와왕을 쳐다보고
　　슬픔에 찬 목소리로 말을 이었네

　　- 훤화, 위화 두 동생과 놀러 왔다가
　　사냥 나온 해모수님 만났습니다
　　하늘에서 내려온 오룡거에 놀라서
　　두 동생은 도망가고 저만 혼자서 남았기에
　　아버님께 큰 꾸중을 들었습니다
　　오룡거에 나를 태운 해모수님은
　　아버님께 데려가 청혼을 했습니다
　　아버님은 오룡거를 알아보시고
　　어렵사리 혼인을 허락했지만
　　며칠 후 해모수님은 떠났습니다
　　　- 아래 줄임 -

〈백제의 건국〉
　새 땅을 찾아서

　비류와 온조 이야기

　졸본에서 태어나
　고구려의 왕자로 살아 온
　두 왕자 비류와 온조

나라와 세상에 큰 뜻을 두고
학문과 무예를 닦아 온 두 왕자

고구려의 첫 왕 고주몽을 찾아
얼굴조차 본 적 없는 아버지를 찾아
동부여를 떠나서 먼 길 온 유리 왕자

첫 아들 유리를 반겨 맞은 동명왕
왕위를 잇게 할 태자로 삼으니
비류와 온조는 한 걸음 물러나
왕의 뜻을 따랐네
새 땅을 찾아나서야 할 때임을 알았네

바람결 따라서 들려오는 이야기
해가 지는 바다를 볼 수 있는 곳
물고기와 귀한 소금 넘쳐 나는 곳
낮은 산 사이사이 인적 드문 들판과
넓은 땅을 찾아서 남쪽으로 향했네

고구려의 두 왕자 비류와 온조
오간 마려 두 충신을 앞세우고
십여 명의 신하들과 함께 떠났네
수많은 백성들도 새 삶을 위해
비류와 온조를 따라나섰네

대동강을 건너고 임진강을 건너서

남쪽으로 남쪽으로 온종일 걷고 걸어
살던 곳을 떠나서 새 땅으로 가는 길

하룻밤도 편히 잘 수 없는 잠자리
한 끼니도 따스하게 먹을 수 없는
고달프고 고달픈 멀고 먼 길이지만
한 걸음씩 내딛는 발끝에 힘이 붙고
내딛는 발끝에 희망의 씨 뿌려지네
새 터전을 향한 힘찬 발걸음
- 아래 줄임 -

〈가락국의 건국〉
함께 불러라, 구지가!

김수로왕 이야기

아득한 옛날
수많은 바위를 첩첩 쌓은 듯
아름답고 신비한 바위산, 만어산

만어산 아래로는 넓은 들이 이어지고
계곡과 능선으로 산새들이 넘나들고
나무 숲 사이사이 산짐승이 뛰어노네

만어산을 품고 있는 넓은 벌에는

아홉 간의 마을이 오밀조밀 있을 뿐
나라도 없고 임금도 없이
아홉 사람, 아홉 간이 마을을 다스렸네

샘이 솟는 곳에 우물을 파고
땅을 일구어 밭을 만들고
아홉 마을 사람들은 가족처럼 살았네

눈과 얼음 봄바람에 녹아내리고
아지랑이 오르는 삼월 삼짇날
마을 북쪽 구지봉에서 말소리가 들렸네
이삼백 명 모여서 올라가 보니
모습은 안 보이고 목소리만 들렸네

– 여기에 사람이 와 있느냐?
– 예, 저희들이 와 있습니다

앞에 나선 아홉 간이 대답했다네

– 여기가 어디인가
– 여기는 구지봉입니다

– 하느님이 내게 이르시기를
이곳에 내려와 새 나라를 세우고
백성이 우러르는 임금이 되라 하셨다
너희들이 구지봉의 흙을 파면서

이렇게 노래하며 춤을 추어라
그리하면 너희들은 대왕을 맞으리라

거북아 거북아
머리를 내밀어라
만약에 안 내밀면
구워 먹을 것이로다.

아홉 간과 무리들이 목청을 합해
덩실덩실 춤을 추며 따라 부르니
하늘에서 자색 줄이 주르르 내려왔네
– 아래 줄임 –

비 오는 날 당당한 꼬마
박종현

비가 내려도 괜찮아요

맑았던 하늘이 조금씩 흐려지고 있어요.
높이 날던 제비도 낮게 날아가고 있어요.

"비가 내릴 것 같은데, 아무래도 걱정이 되는데."
엄마는 걱정스런 얼굴로 창밖을 내다보았어요.

"아빠 오실 시간인데…… 비가 내릴 것 같아."

꼬마도 걱정스런 얼굴로 창밖을 내다보았어요.
엄마는 창밖을 보다가 벽에 걸린 시계를 보았어요.
꼬마도 엄마를 보다가 다시 창밖을 바라보았어요.

"꼬마야, 잠깐만집을 보고 있어도 괜찮겠니?"
엄마는 나가려고 커다란 우산을 챙겨 들었어요.

"엄마 괜찮아요. 나 혼자 있어도 괜찮아요."
꼬마는 당당하게 하얀 아기 곰을 안았어요.

비가 와도 재깍재깍

"꼬마야 천둥 번개가 쳐도 무섭지 않겠니?"
"엄마, 하얀 아기 곰과 있으니 무섭지 않아요."

"정말 괜찮겠니? 아기 곰과 있으니 괜찮겠니?"
엄마가 묻자 꼬마는 아기 곰을 꼭 껴안았어요.
엄마는 커다란 우산을 들고 밖으로 나갔어요.
꼬마는 아기 곰을 더욱 꼬옥 껴안고 있었어요.

"아기 곰아, 엄마 아빠가 빨리 왔으면 좋겠지?"
껴안고 있는 하얀 곰인형을 바라보며 말했어요.

꼬마는 또다시 걱정스런 얼굴로 창밖을 바라보았어요.
하얀 아기 곰도 걱정스런 얼굴로 창밖을 바라보았어요.

벽에 걸린 시계에서 소리가 울려요. "재깍재깍."
걱정 말라고 "재깍재깍." 비가 와도 "재깍재깍."

너무나 예쁜 하얀 사슴

숲속의 곱고 고운 자리에

깊고 깊은 숲속에 곱고 고운 자리 하나 있어요.
곱고 고운 자리에 산새, 산짐승이 살고 있어요.

소쩍새, 뻐꾸기, 부엉이, 까마귀가 살고 있어요.
너구리, 두더지, 멧돼지, 종달이가 살고 있어요.

소쩍새는 알을 낳고 소쩍소쩍 노래하고 있어요.
뻐꾸기도 너무 좋아 뻐꾹뻐꾹 노래하고 있어요.

너구리는 굴속에서 쿨쿨쿨쿨 잠을 자고 있어요.
두더지도 땅속에서 푸우푸우 잠을 자고 있어요.

멧돼지는 동굴에서 드렁드렁 잠을 자고 있어요.
종다리도 좋은 집 짓고 종달종달 날아다녔어요.

"하하, 깊은 산속에 사는 건 아무도 모를 거야."
하얀 사슴 조용조용 아무도 모르게 살고 있어요.

모두 잠을 깰까 봐

정말 아무도 몰랐을까 걱정을 했어요.
혼자 있는 걸 몰랐을까 걱정을 했어요.

밤에는 달빛을 보다가 조심조심 다녔어요.
깊은 숲속 좁은 길을 살곰살곰 다녔어요.

산새들이 모두 잠을 깰까 봐 걱정을 했어요.
산짐승들이 모두 잠을 깰까 봐 걱정을 했어요.

가만 있다 밤마다 사뿐사뿐 돌아다녔어요.
하얀 사슴 혼자서 조마조마 돌아다녔어요.

낮에는 깊은 산속에 몸을 숨기고 있었어요.
깊은 산속의 산새, 산짐승을 살펴보았어요.

산새, 산짐승이 노는 걸 살랑살랑 보았어요.
알록달록한 예쁜 색깔도 슬금슬금 보았어요.

스님과 선재동자

김종상

1. 보살통의 빈대

요사채에는 보살통이라는 대나무통이 있습니다.
스님은 빈대나 이를 잡으면 거기에 넣어요.
"스님, 그건 기생충인데 죽여야지요."
"목숨은 다 같다. 함부로 죽여선 안 된다."
스님은 바지 끝을 버선목 속으로 넣어요.
몸에서 떨어진 비듬을 버선목에 모아
보살통의 빈대와 이에게 먹이로 주었어요.
불살생의 계율을 그렇게 지켰습니다.

※菩薩桶 : 불살생의 계율을 지켜 나쁜 벌레를 기르는 통

2. 거미줄의 풀씨

선방 추녀 끝 거미줄에 풀씨가 걸렸어요.
스님이 풀씨를 떼 내고 있었습니다.
"스님! 거미줄을 없애면 되잖아요?"
"거미줄을 없애면 거미는 어떻게 되겠니?"
"그럼 풀씨는 왜 떼 내셔요?"
"길을 잘못 든 씨앗들이야. 싹 틔울 곳으로 가야지."
스님은 씨앗을 떼어 바람에 날려 보냈습니다.

3. 다람쥐 먹이

오늘도 담장 위에서 삼장법사라는 다람쥐가
두 손으로 무엇을 움켜잡고 먹고 있어요.

"스님, 삼장법사가 먹는 게 무엇입니까?"
"땅콩 과자를 주었더니 잘 먹는구나."
다람쥐는 스님에게 먹이를 얻으러 옵니다.
다람쥐만이 아니어요. 스님은 산짐승 모두를 사랑해요.
사슴도 멧돼지도 먹이가 없으면 찾아와요.
그들은 스님이 사랑하는 친구들입니다.

4. 엉성한 짚신
햇살이 어머니 손길처럼 따스했습니다.
스님이 산밭에 작두콩을 심으러 가재요.
"선재야, 바닥이 엉성한 짚신을 내놓아라."
"산밭에 가시려면 고무신이 더 좋을 텐데요."
"거기에는 개미나 굼벵이들이 살고 있다."
"그러니까 고무신을 신어야지요."
"그들이 딱딱한 신발에 밟히면 어찌되겠니?"
 선재는 밑바닥이 폭신한 짚신을 내왔어요.

5. 솜다리 뿌리
선재는 스님과 작두콩을 심으러 갔어요.
산밭으로 가는 길가에 솜다리가 있었어요.
"쯧쯧, 누가 이렇게 파헤쳐 놓았지."
 솜다리 뿌리가 드러나 있었습니다.
"들쥐가 먹이 찾느라고 그랬나 봐요."
"제가 살려고 남을 이렇게 해치다니."
스님은 솜다리 뿌리를 묻어 주었습니다.

노랑별이 반짝!

한유진

"반짝이는 일은 힘들어."
태어난 지 얼마 안 된 아기 노랑별
엄마처럼 빛나는 별이 되고 싶었어.
"으샤, 으샤!"
반짝이는 연습을 하던 노랑별
심심하고 따분해서 시무룩했지.

"하하하, 깔깔깔!"
그때 어디선가 들리는 웃음소리
노랑별이 내려다보니
땅에서 아이들이 놀고 있었지.
"저곳은 재미있겠다!"
땅으로 내려가고 싶은 아기 노랑별

"엄마, 땅으로 가고 싶어요."
엄마를 조른 아기 노랑별
"우리는 세상을 비추는 별이란다.
빛나지 않으면 별이 아니야."
엄마 말에 곰곰 생각한 노랑별
"땅에서도 빛날 수 있어요."

하는 수 없이 거미별 할아버지를 찾아간 엄마별
"거미별 할아버지, 노랑별이 타고 내려갈 사다리를 짜 주세요."

거미별 할아버지가 노랑별에게 말했어.
"빛나지 못하면 별나라로 돌아올 수 없다. 괜찮겠느냐?"
노랑별이 망설이다 고개를 끄덕였어.
거미별 할아버지는 별들의 빛을 모아
무지개 사다리를 짜 주었지.

무지개 사다리를 타고
미끄러지듯 내려오던 노랑별
갑자기 땅으로 곤두박질쳤어.
노랑별이 땅으로 떨어지며 외쳤어.
"살려주세요, 살려주세요!"
힘이 빠진 거미별 할아버지
무지개 사다리를 완성하지 못했지.

캄캄한 땅속에 처박힌 노랑별
"여기에서 반짝일 수 있을까?"
노랑별은 엄마가 있는 별나라를 떠올렸어.
"넌 누구야?"
그때 마침 지나가던 지렁이가 물었지.

"나는 하늘에서 내려온 노랑별. 너는 누구니?"
노랑별이 묻자 지렁이가 대답했어.
"땅이 좋은 나는 지렁 지렁이."
지렁이는 꼬물꼬물 기어가며 똥을 누었지.

캄캄한 땅속이 무서운 노랑별

"여기에서 반짝일 수 있을까?"
노랑별은 엄마가 있는 별나라가 그리웠어.
"넌 누구야?"
그때 마침 지나가던 두더지가 물었지.

"나는 하늘에서 내려온 노랑별. 너는 누구니?"
노랑별이 묻자 두더지가 대답했어.
"땅이 좋은 나는 두두 두더지."
두더지는 영차영차 열심히 땅을 팠지.

캄캄한 땅속이 답답한 노랑별
자신의 신세를 한탄했어.
"너도 나처럼 세 번의 변화를 겪으면 빛날 수 있단다."
옆에 있던 굼벵이 아줌마가 꿈틀대며 말했지.
"할머니는 누구세요?"
노랑별이 놀라 물었어.
"나는 아름답게 노래할 굼벵 굼벵이."

할머니의 말이 궁금한 노랑별
고개를 갸웃갸웃
엄마 있는 별나라가 그리운 노랑별
힘을 내 으라차차!

그러던 어느 날
노랑별에게 찾아온 첫 번째 변화
몸이 땅 위로 쑤욱

두 갈래로 갈라졌어.
"와! 내가 땅위로 올라왔어!"
노랑별이 신기해서
이리 보고 저리 보고

그러다 곧이어
노랑별에게 찾아온 두 번째 변화
줄기 사이로 쏘옥
작고 예쁜 꽃이 피었어.
"와! 내가 꽃이 되었어!"
노랑별이 신기해서
춤을 추며 우쭐우쭐.

하지만 얼마 못가
노랑별에게 찾아온 세 번째 변화
예쁜 꽃은 툭 떨어지고
꼬투리에 콩이 가득 찼어.
꼬투리 안이 답답한 노랑별
빛나지 못해 걱정하는 노랑별.

비가 쉬지 않고 주룩주룩
바람도 쉬지 않고 휘릭휘릭
노랑별은 날아가지 않으려고
꼬투리를 꽉 잡았어.

기나긴 장마가 지나고

뜨겁게 해가 비췄어.
노랑별은 몸을 말리며
휴우후우
그때 어디선가 매미 소리
매앰매앰.

"노랑별아, 잘 자랐구나."
많이 듣던 목소리에
깜짝 놀란 노랑별
"굼벵이 아줌마!"
매미가 된 굼벵이 할머니는
아름답게 노래했어.

"노랑별아, 세 번 변하더니 노란 콩이 되었구나."
할머니가 맴맴 소리를 크게 내며
축하해 주었지.
할머니 노랫소리에
노랑별은 활짝 웃었어.

하루 이틀 사흘이 지나
아이들의 웃음소리가 들렸어.
"와! 맛있는 콩이다!
꼭 노랑별 같아!"

밥 위에 별처럼
콕콕 박힌 노란 콩

오래 기다린 끝에
동글 반짝 콩이 된 노랑별
아이들 몸에 들어간
노랑별은 서서히 반짝였어.
반짝반짝 빛을 내며
아이들 몸을 따뜻하게 해 주었지.

노랑별이 밝게 빛나자
하늘에서 무지개 사다리가 내려왔어.
노랑별은 엄마가 있는 별나라도 돌아가
세상에서 가장 반짝이는 별이 되었지.

무지개가 뜨는 날이면
사다리 타고 내려오는 노랑별
별 콩콩 나 콩콩
노래를 부르지.

랑랑은 물이 무서워
    이영미

지난 겨울은 참 길었지요.
깊은 산속에도 마침내 봄이 왔어요.
산밑을 흐르는 작은 강가에
어미 멧돼지가 아기 멧돼지와 함께,
어미 여우가 아기 여우와 함께 나왔어요.

아기 멧돼지 싱싱은 아기 여우 랑랑을 보고 생각했어요.
- 이상하게 생겼네. 너무 마르고 입은 뾰족해.
아기 여우 랑랑은 아기 멧돼지 싱싱을 보고 생각했어요.
- 이상하게 생겼어. 너무 통통하고 입은 둥툭해.

어미 멧돼지는 싱싱에게 강물을 먹이고
목욕을 시켜줬어요.
싱싱은 기분좋게 물장난을 치며 즐거워했어요.
그런데 저만치 보니 어미 여우가 쩔쩔매고 있네요.
어미 여우가 아무리 애써도
랑랑은 뒷걸음치며 물에 들어가지 않으려 했어요.
그 모습을 보고 싱싱은 깔깔 웃으며 놀려댔어요.
"쟤 좀 봐. 목욕을 싫어하네. 에이 지저분해."
랑랑은 창피해서 얼굴이 빨개졌어요.
"나 목욕 싫어하는 거 아니야."
"그래? 그럼 들어와 봐."
랑랑은 발끈해서 앞발을 강물에 담갔지만
얼른 몸을 움츠리며 뒤로 물러섰어요.

그때부터 싱싱은 랑랑을 만나면 놀려대고
둘은 다투기만 했어요.
"물에도 못 들어가는 겁쟁이 여우."
"못된 멧돼지야, 잡히기만 해봐."
나뭇가지에 앉아 둘이 다투는 모습을 지켜보며
산까치 깍이는 한숨을 폭 쉬네요.
"또 싸우는 거야?

이 숲이 쟤네들 때문에 시끄럽단 말야."

시간은 부지런히 흘러
여름이 지나고 가을이 왔어요.
나무들은 새로 노랑옷, 빨강옷을 갈아입고
저마다 예쁘다고 뽐냈어요.
하지만 숲속 동물들에겐 한 가지 걱정거리가 생겼어요.
가을이 되면서 비가 오질 않는 거예요.
땅은 바짝 마르고
강물도 많이 줄어들었어요.

어느 날 강가에서 싱싱과 랑랑이 딱 마주쳤어요.
싱싱도, 랑랑도 많이 커서
이젠 아기가 아니었지요.
그래도 싱싱은 여전히 엉덩이를 씰룩거리며 랑랑을 놀려요.
"랑랑, 너 아직도 물 무서워하니? 아유, 이게 뭔 냄새야?
지저분한 냄새 땜에 못 참겠어."
싱싱은 땅에 코를 처박고 비벼댔어요.
하지만 랑랑은 전처럼 곧장 덤벼들지 않고
씩씩대며 노려보기만 했어요.
"니 멋대로 말하렴.
난 이제 너처럼 유치한 녀석은 상대 안 할 거야."
랑랑은 휙 돌아서서 고개를 쳐들고
의젓하게 걸으려고 애쓰며 걸어갔어요.
싱싱은 랑랑에게 한 방 먹였다는 생각에 기분이 좋았지요.

콧노래를 부르며 강가를 걷던 싱싱은
갑자기 코를 벌름거리며 멈춰섰어요.
무언가 타는 냄새가 바람결에 실려왔거든요.
싱싱은 여기저기 둘러보다가 깜짝 놀라고 말았어요.
강에서 가까운 위쪽 숲속에서
가느다란 연기가 피어오르고 있었어요.
"산, 산불이다!"
싱싱은 자기도 모르게 외쳤어요.
예전에 엄마 멧돼지가
산불이 얼마나 무서운지, 얼마나 잔인한지
들려준 이야기를 싱싱은 잘 기억하고 있었어요.
"불이야! 산불 났어요! 불이야!"
싱싱이 외치는 소리를
반대 방향으로 가던 랑랑이 제일 먼저 들었어요.
"뭐야, 저 녀석 또 나를 놀리는 건가?"
슬쩍 돌아보는 랑랑의 눈에
정신없이 달려가는 싱싱이 보였어요.
랑랑도 큰일이 생겼다고 느낀 순간
싱싱을 따라 달리기 시작했어요.

불난 곳에 도착하자
싱싱은 뭉툭한 입으로, 랑랑은 앞발로
마구 흙을 파헤쳐 불 위에 끼얹었어요.
그러나 설렁설렁 불어오는 가을바람 때문에
작은 불길은 조금씩 커져만 갔어요.
땅에 덮인 낙엽더미 위로

빨간 불꽃이 춤을 추어요.
싱싱도 랑랑도 발을 동동 굴렀어요.
"어쩌면 좋지? 불이 안 꺼져."
"잘못하다간 숲이 다 타버릴 거야."
그때 산까치 깍이가 머리 위로 날아왔어요.
싱싱과 랑랑은 입을 모아 외쳤어요.
"깍이야! 모두에게 산불이 났다고 알려줘. 시간이 없어."
"알았어."
깍이는 고개를 끄덕이고는
깍깍 목청껏 외치며 날아갔어요.

얼마 안 있어 숲속 동물들이 몰려왔어요.
산토끼, 오소리, 고라니, 멧돼지 등 숲속 동물들은
불 위에 흙을 끼얹고 마구 밟았어요.
싱싱과 랑랑도 온힘을 다해 흙을 파헤쳐
불 위에 뿌렸어요.
그런데 싱싱이 얼핏 옆을 바라보니
랑랑의 꼬리 끝에 빨간 불씨가 옮겨붙었지 뭐예요.
"어어, 랑랑아, 너 꼬리, 꼬리에……."
꼬리를 돌아본 랑랑은 비명을 질렀어요.
"어떡해! 꼬리에 불났어! 앗, 뜨거!"
불을 끄는 데만 정신을 쏟던 랑랑은
그제야 뜨거움을 느끼고
팔짝팔짝 뛰었어요.
불은 금방 꼬리끝에서 위쪽으로 옮아갔어요.
– 아래 줄임 –

할미꽃 전설

송영숙

옛날 옛적에
해순이, 달순이, 별순이가
할머니와 살았다지?

곱게, 곱게 키워 시집보냈대.
시집보낸 삼 년 후, 할머닌
손녀딸들 보고 싶어 찾아갔지.

기와집 해순이,
쌀밥, 고기반찬 차려 주며
할머니 눌러살까 걱정.

커다란 어물전 집 달순이,
남이 볼까 두렵다고
할머니를 문전 박대, 내쫓고.

별순아, 별순아,
추운 겨울, 눈보라 헤치며
몇 고개 넘어가다

별순이네 집 불빛이
내려다보이는 언덕에서
그만, 그만….

별순이 울면서 양지바른 곳에
고이고이 묻었더니
이듬해 봄, 무덤가에 꽃 피었네.

할머니 닮은 꽃 피었네,
할미꽃!

분꽃 전설

송영숙

옛날 옛적
어느 깊은 산골짜기
오막살이에
엄마와 딸 꽃예가
가난하게 살고 있었지.

엄마가 품삯 받아서
설빔으로 다홍치마 색동저고리,
꽃신을 사서 신겼는데….

눈이 펑펑 내리는
어느 추운 겨울
꽃예는 분 사 달라고
엄마를 졸랐대.

할머니한테 물려받은
은가락지 팔아
엄마는 30리 길 넘는 읍내에
분을 사러 갔지.

"아이 추워! 엄마는 왜 안 오는 거야!"
기다리다 못한 꽃예, 엄마를 부르며
눈보라 치는 벌판으로 나갔지.
엄마 모습은 찾을 수가 없었단다.

겨울이 가고 눈이 녹자
분 한 통 꼭 쥐고 산골짜기에 쓰러진
꽃예 엄말 찾아내었지.

꽃예는 울면서 울면서
뒤뜰에 엄마를 묻었단다.
이듬해 엄마 무덤 위에
진분홍 꽃이 피었대.

"꽃예 엄마 넋이구나!"
동네 아줌마들이 말했지.

그 꽃이 분꽃이란다.
까만 씨 속에 들어 있는 분가루,
엄마 마음이었지.

손가락 체온계

이성자

열이 오르고 머리가 아프다
엄마가 다가오더니,
손가락을 펴서
내 겨드랑이로 쓱 밀어 넣는다.

– 어머!
열이 38도는 되겠어!
38도
깜짝 놀라는 엄마
– 에이,
엄마 손가락이 체온계야?

맞나 틀리나, 내기하자며
엄마가 진짜 체온계를 가져온다.
귀신같이 정말로 38도다.

우리 형제 키우느라
손가락 체온계가 됐다면서
해열제를 내미는 엄마
먹기 싫어도 꾹 참고 물을 마셨다.

비둘기

이창건

며칠 전 우리 집 베란다에
몸이 홀쭉한 비둘기가 오고 간 다음
몸이 뚱뚱한 비둘기가 날아와
빈 플라스틱 통에 자리를 잡았지.

처음에는 쉬러 온 줄 알았어.
홀쭉한 비둘기는 아빠 비둘기였고
뚱뚱한 비둘기는 엄마 비둘기였어

엄마 비둘기는 통에서 나오지 않았어
꼼짝도 하지 않고 불볕을 그대로 받고 있었지.
알을 낳으려나 보다 생각했지.

소나기가 내리는 날에는
몸을 한껏 움츠려 비를 피했고
맑은 날 밤에는 달빛에 별빛에 잠을 잤어.

그런데 오늘 아침
엄마 비둘기가 보이지 않았어.
나는 어느 한순간 엄마 비둘기가 잠자는 동안
틈을 타 그 통을 창밖에 버릴까 했지.

그러지 않은 게 정말 잘한 일이었어.

아빠 비둘기와 엄마 비둘기의 꿈을
깨뜨리지 않아서 기뻤지.
알 하나가, 동그란 알 하나가
그렇게 좋았지.

새끼 거미, 동글이
이창건

거미 새끼 동글이가
문 안으로 자꾸만 들어오려고 했어.

"들어오지 마"
"들어오지 마"

나는 손등으로 동글이의 몸을
문 바깥으로 밀어냈지.

나동그라진 동글이는 흠칫 놀란 듯
슬금슬금 발길을 돌렸어.
강아지는 동글이와 놀고 싶은지
동글이 뒤를 조심스럽게 따라가며 킁킁거렸고
개미들은 동글이 둘레를 뱅글뱅글 돌고 있었지.

동글이 앞에 엄마 거미가 보였어.
엄마 거미는 동글이 손을 잡고

꽃밭으로 들어갔지.
정찰 비행을 나온 잠자리들은
꽃밭 위를 빙빙 날았지.

노을 꽃이 지고 난 뒤
밤이 되었지.
꽃밭에 별들이 내려왔어.
잠자리에 들었는데
잠이 오지 않았어.

동글이한테 잘못한 것 같았어, 정말!
그날 밤 나는 우주 밖으로 떨어지는
무서운 꿈을 꾸었어.

새끼 거미 동글이처럼
이 세상에서 내동댕이쳐지면
얼마나 쓸쓸한 일일까!
내가 몹쓸 짓을 한 게 분명했지.
그게 마음에 걸렸지.

숲을 만드는 다람쥐
전병호

낙엽이 지기 전에 땅에 묻은 도토리를
다람쥐가 다 찾아내는지 모르지만

한두 개 잊으면 뭐 어때 봄 오면 싹틀 테니까.

땅에 묻은 도토리가 싹이 튼 걸 보고
다람쥐가 뒤늦게 기억해 내겠지만
그때는 이미 늦었지, 뭐. 아기 나무로 자랄 테니까.

해님도 찾아와서 햇빛을 비춰 주고
비님도 찾아와서 물을 마시게 해 주었지.
온 숲이 힘을 합쳐서 나무를 길러낸 거지.

다람쥐가 다 자란 줄기를 타고 오르며
"이건 내가 심은 나무다." 외치고 싶겠지.
덕분에 참나무 숲이 넓어진 건 사실이지.

숲은 도토리를 아주 많이 맺어야 할 거야.
산에는 함께 사는 가족이 아주아주 많거든.
모두가 배고프지 않게 나누어야 하니까.

참나무 숲에 다시 나뭇잎이 떨어지면
다람쥐는 더 열심히 도토리를 파묻겠지.
해마다 참나무 숲은 조금씩 넓어지겠지.

우리가 매일 보는 앞산 참나무 숲이
다람쥐가 도토리를 묻어 키워낸 건 아닌지
한두 개 남겨둔 것이 숲을 만든 건 아닌지.

풀벌레 대합창

전병호

언제부터인가
피리 소리 같기도 하고
흐느낌 같기도 한
노랫소리가
밤마다
점점 더 크게 들려왔다.

창문을 열면 달빛 속에서 얼핏 보였다
지구 반대쪽
먼 나라에서부터
우리나라의 가을을 찾아오는
긴 행렬!

이윽고
창 밑까지 다가온 그들은
수천, 수만이
한데 모여
대 합창곡을 부르는 것이었다.

나는 잠을 이룰 수 없었다.
눈 감으면 귓속에서
눈 뜨면 창밖에서
풀벌레들의 대합창

풀벌레들의 대합창을 들으면서
나는 매일밤
두레박에 담겨
우물 속으로
내려졌다.

우물 속에는
더 깊은 우물이 있었다.

나눌 수 없는
외로움과
슬픔을 곱씹으며 지새우는
긴 가을밤!

가을이 끝나자
그들은 다시
지구 반대쪽 나라의 가을을 찾아
떠나는 것이었다.

그렇게 떠돌기를 천 년
또 천 년.

내년에도
나는
풀벌레들의 대합창을 듣게 될까?

언젠가는
나 없는
창밖에 몰려와서
풀벌레들이 울겠지.

나도 한 마리 풀벌레 되어
같이 울겠지.

해님과 완두콩

정혜진

텃밭에서 자라고 있는
완두콩 새싹
흙문 열고 나온 지
얼마 되지 않아
작은 덩굴손 일으켜 세웠어요.

땅바닥 밀고 나갈 준비
서두른 어린싹
얼른 커서 해님 가까이
다가가고 싶었나 봐요.
이 모습 알아차리고
따듯한 햇볕 보내준 해님 도움으로
힘이 솟아난 완두콩 새싹.

텃밭에 나와 어린싹 살피던 주인님
서둘러 왼쪽 두둑 옆에
지주대 세우고 그물 쳐놓았어요.
옆 친구와 뒤엉키지 말고
해님 입김 많이 받아 쑥쑥 자라라
보살핀 정성에 고개 끄덕끄덕,
덩굴손 위로 뻗어 올려
그물을 잡았어요.

덩굴손에서 돋아난
쌍둥이 이파리,
마디마디 이어가며
기다란 줄기 만들었어요.

이파리 사이에서 올라온
쌍둥이 꽃대 열어
꽃으로 피어난 모습
흐뭇하게 지켜보며
벌 나비 보내주고
우주에서 얻은 힘찬 기운
오롯이 전해 준 해님.

꽃 속에서 생겨난
귀여운 쌍둥이 꼬투리
기다란 덩굴 줄에
마주 보고 걸터앉아

까르르 웃음보따리 풀어내며
그네를 탄 완두콩

다정한 모습 보기 좋아서
따뜻한 빛살 응원
아낌없이 내어준 고마운 해님,
쑤욱 쑥 동글동글 잘 자라서
도와준 모두에게
기쁨 주자고 한 완두콩 약속.

초여름 돌아오기 전
단단하고 야무지게 영글어
톡톡 기지개 켜며
해님 가까이 다가가
멋진 모습 보여주겠대요.

달려라 맨발

정혜진

몇 해 동안 부모 사랑 대신
방 안에 꼭꼭 갇혀
굶주림과 공포에 떨었던
열한 살 여자아이 배고픔 견디지 못해
겨울 아침 일찍
빌라 2층에서

세탁실 가스 배관 타고 내려와
차디찬 길바닥 기운껏 달리며
자신한테 숨 막히게 재촉했어요.

"맨발아, 달리자!
추위도 이겨내야 해!
붙잡히면 끝이야.
참고 또 참고 뛰어!"

달리는 새벽길
눈에 띈 마트로 뛰어들어
찾아낸 빵 집어 들고
놀란 주인 물음에
"너무 배가 고파서요."

한 입 베어 문 빵은
벌써 목구멍으로 넘어갔어요.
냉동 추위 겨울에
반바지 차림
부러진 갈비뼈
온통 멍이 든 팔과 다리
겨우 네 살짜리 그 정도
16kg 몸무게

불도 넣어 주지 않은 방
꽁꽁 시린 겨울 추위 참아내고

달려 준 맨발 덕분에
마트 주인 용서와 안내로
이제는 무서움에서 벗어나
따뜻한 사람들이 지켜주는
봄꽃 사랑 얻었어요.

학교 갈 때
최춘해

우리 어머니는
아침에 우리가 학교 갈 때
언제나 아파트 앞에까지
따라 나오십니다.
우리가 안 보일 때까지
큰 길가에서 지켜보십니다.
그냥 학교 가는 것뿐인데
그것이 보기 좋다는 눈칩니다.

- 형, 엄마는 집에서도
우리만 생각할 것 같아.

- 그래, 엄마는 언제나
우리를 지켜보고 있어.
우리가 힘이 모자라면
엄마 힘을 보태 준단다.

나도 몰래 용기가 솟아나고
본디 힘보다 더 세어질 때가 있지.
그건 엄마 힘이 보태진 거야.

쇠똥구리의 노래
한수연

소하고 염소하고 사이좋게 언덕에서 점심을 먹는다.
소는 풀맛이 좋은지 움머움머
염소도 따라서 매에에 매에에
지나가는 바람이 소 꼬리에 매달려 그네를 타 보고
염소 수염 밤새 얼마나 자랐나 쓰다듬어 보고.
그런데, 그런데 이게 뭐야?
그 순간 소가 철버덕 하고 똥을 갈긴다.
염소도 따라서 콩콩콩 똥을 쏟아낸다.
바람이 코를 잡고 저만큼 도망가다가 문득 되돌아왔다.
"너희 둘은 꼭 같은 풀을 먹는데 똥 모양은 왜 이렇게 다르니?"
궁금한 것을 못 참는 바람의 말에 소도 염소도 그건 알 수 없다고
"움머움머"
"매에에 매에에"
"소는 지짐처럼 넓적하게 싸고,
염소 너는 경단처럼 동글동글 하잖아?"
"그게 무슨 상관이냐? 움머움머"
"똥만 잘 싸면 되지. 매에에 매에에"
"세상에서 가장 중요한 일이 똥 잘 싸는 일이란다.

나도 어디선가 들은 말이지만.
같은 풀을 먹으면서도 똥 모양이 다르니……
내가 왜 그런지 알아 올게."
궁금한 건 못 참는 바람, 길을 떠났지.

제비꽃 아가씨에게 물어보고
상수리 할머니에게 물어보고
"소하고 염소하고 모두 풀을 먹는데
소는 왜 지짐처럼, 염소는 경단처럼 똥이 나오나요?"
"아이 싫어, 새 옷 입고 나왔는데 냄새 나잖아?"
"백 년을 살아도 그런 걸 묻는 바람은 처음일세!"
날아가는 참새도
"몰라, 몰라."
기어가는 지렁이도
"모올라, 모올라."

바람은 온종일 숙제를 안고 여기저기 다니다가
담이네 뜨락 감나무에 기대 깜박 잠이 들었네.
"엄마, 빨리 경단을 만들어 보고 싶어요."
바람은 경단이란 말에 퍼뜩 잠을 깼어.
담이네 감나무 밑에서 엄마하고 담이 하고 소꿉놀이가 한창이야.
"경단은 이렇게 만들어야 마음도 예뻐진단다. 이렇게, 이렇게……"
엄마는 밀가루가 묻은 손바닥에
밤톨만한 반죽 한 덩이를 뚝 떼어 올려놓더니 양손으로 쓱쓱 비빈다.
담이도 엄마를 따라서 그 풀잎 같은 작은 손바닥에
콩알만 한 반죽 한 덩이를 똑 떼어 올려놓고 싹싹 비빈다.

"동글동글 동글동글……"
"둥글둥글 둥글둥글……"
딸이 동글이와 엄마 둥글이가
손바닥 사이에서 동글동글 둥글둥글 나온다.
나온다 나온다, 자꾸만 나온다.
"아하! 알았어!"
바람이 숙제를 끝낸건 바로 그 순간이었지.

바람은 싱싱 달려서 언덕 위로 올라갔어.
"알았다, 알았어!"
소도 염소도 우물우물 오물오물
'무얼 알았다는 겨?'
멀뚱히 하늘 보고
말똥히 구름 보고 우물우물 오물오물
"소는 왜 지짐처럼, 염소는 경단처럼 똥을 누는지 알았다고!"
"움머움머"
"매에에 매에에"
소와 염소는 신이나서 겅중거린다.
"염소 뱃속엔 손바닥 두 개가 들어있어서 그래.
손바닥으로 똥을 동글동글 예쁘게 만들어서
콩콩콩 나오는 거란다. 이제 알았지?"
"이렇게?"
염소는 그 순간 앞발 들고 콩콩콩,
뒷발 들고 콩콩콩, 똥을 쏟아낸다.
소도 염소 따라서 철버덕 철버덕 지짐처럼 똥을 쏟아낸다.
소는 지짐처럼 쏟아지는 똥이 부끄러웠다.

"나는 왜 예쁜 콩콩콩이 안 돼?"
소도 콩콩콩을 하고 싶은가 보다.
다시 앞발 들고 철버덕, 뒷발을 들고 철버덕……
"하하하, 너는 뱃속에 손바닥 두 개가 없어서 그래."
"나는 왜 손바닥 두 개가 없는 거야?"
"그건…… 내일 숙제야!"
영리한 바람은 소의 숙제까지 하려면
길을 잃을까 봐 서둘러 언덕을 떠났어.

소가 염소의 콩콩콩을 부러운 듯 바라보고 있는 그때였어.
손톱만한 쇠똥구리 병정들이
소똥을 향해 와와 달려오는 게 아니겠어?
"걱정 마! 걱정 마! 우리가 콩콩콩을 만들어 줄게."
"그래, 그래. 맨날 네 똥만 파먹고 살아왔는데
우리도 착한 일 한번 해야지!"
쇠똥구리들이 소를 위로해 주었어.
"자, 이 똥이 콩콩콩을 만들기 가장 적당해!"
대장 쇠똥구리가 여기 저기 쌓인 철버덕을 둘러보곤
꾸덕꾸덕 겉이 마른 철버덕 한 무더기를 가리켰어.
"와! 와! 와!"
대장 쇠똥구리가 가리키는 철버덕을 향해
쇠똥구리 병정들이 함성을 지르며 달려들었어.
그때 쇠똥구리 대장이 소리쳤어.
"자, 쇠똥구리의 노래에 맞춰서!"

– 자르고 자르고 잘라

굴리고 굴리고 굴려
나르고 나르고 나르자 -

쇠똥구리들이 힘차게 노래를 부르기 시작했어.
우와! 여기저기서 콩콩콩이 탑처럼 올라갔어.
마치 초록색 사탕 공장에 온 것 같아.
햇빛까지도 신나서 콩콩콩 위에서 미끄럼을 탔지.
"이것 봐! 이것 봐!"
소는 흥분해서 콩콩콩을 가리켰어.
"친구들이 이렇게 콩콩콩을 만들어 주었어.
그래서 내 뱃속엔 손바닥 두 개가 없었던 거야!"

바람이 가르쳐 주지 않아도
아무도 가르쳐 주지 않아도……
콩콩콩을 만들어 주는 친구들이 자랑스러워서 소는 움머움머……
그 말이 맞다고 염소도 매에에에……

노을이 한 자락
천천히 깔리는 여름 들판이었어.

머리카락도 식물이다

한수연

식물에 대해 모둠별 공부를 한 날,
선생님이 숙제를 내어 주셨어.

식물 이름 5개씩 알아오기.

교실은 순간 식물원이 되었지.
온갖 풀들과 꽃들의 향기 또한 넘쳤어.
그러나 1학년이 아는 식물 이름은 곧 바닥이 나고 말았어.
교실을 굴러다니던 식물 이름들이 가라앉을 때쯤이었어.
"머리카락!"
그 순간 교실은 난리가 났지 뭐냐.
1학년도 머리카락이 식물이 아니라는 것은 알았나 봐.
두 손으로 책상을 두드리고 두 발을 탕탕탕 굴리면서
배꼽 빠지게들 웃었지.
선생님까지 허리를 꺾으며 주저앉아 웃는 모습은 처음 보았어.
우리 반에서 웃지 않은 사람은
머리카락을 식물이라고 한 오직 너 하나뿐이었어.

"머리카락이 식물이라고? 정말 재미있는 생각이야.
왜 그렇게 생각했는지 어디 이야기해 볼래?"
선생님이 웃음을 간신히 참으며 물었어.
그건 너에게 너무도 쉬운 대답이었어.
심심하면 풀밭 사이로 바람과 함께 뛰어다니며 놀았거든.
바람이 장난꾸러기인 것도 그때 알았거든.
"바람은 풀들의 머리카락을 마구 헝클어 버리고는
'나 잡아 봐라!' 소리치며 달아나요.
풀들은 바람을 잡으러 날아갈 수가 없어요.
흙이 발목을 꼭 붙잡고 있거든요.
머리카락도 바람이 장난을 쳐도 잡으러 갈 수가 없어요.

몸이 머리카락을 꼭 잡고 있어서요.
식물과 머리카락은 바람을 잡으러
날아가고 싶은 마음이 똑 같아요."
우리는 다시 발을 굴리고 책상을 두드리며 웃었지만
처음보다 웃음소리가 반 이상은 줄어들었어.
선생님도 웃음을 거두고 조용히 네 말에 귀를 기울였고.
"풀들도 머리카락도 점점 자라는 것이 같아요.
한 밤 자고, 두 밤, 세 밤 자고 나면 풀들도
머리카락도 쑥쑥 자라 있어요."
우리는 이제 더 이상 웃을 수가 없었어.
엉뚱한 질문을 곧잘 해서 교실을 웃음바다로 만들곤 하던,
시인이거나 과학자 같은 너를 바라보았어.
"식물도 하얀 뿌리가 있지요?
머리카락도 하얀 뿌리가 있어요."
너는 머리카락 몇 올을 뽑아서 선생님의 손바닥에 올려놓았어.
물론 아무도 웃는 사람이 없었지.
제각기 머리카락을 뽑아서
하얀 뿌리를 확인하느라 정신이 없었거든.
그 순간이었어. 누군가가 너를 향해 박수를 치자
순식간에 박수의 물결이 교실에 넘쳤지.
그날 우리 반 친구들은
머리카락도 식물이라는 것을 처음 알게 되었어.

머리카락이 식물이라고 말했을 때
책상을 두드리며 웃던 친구들아!
발을 탕탕 구르며 함께 웃던 나의 친구들아!

지금도 머리카락이 식물이라고 한다면
1학년 그때처럼 발 탕탕 구르며 웃을 수 있니?
책상을 두드리며 눈물 나도록 웃을 수 있니?

풀잎처럼 바람 따라 날아가고 싶었을 때
문득 거울 속의 하얀 뿌리와 마주쳤을 때
1학년 그때처럼 웃고 싶어도 이제는 웃을 수 없는…
그래서 혼자 조용히 중얼거리는 말,
'아아, 머리카락도 식물이었구나!'

꼬부랑 할머니가
신경림

꼬부랑 할머니가 두부 일곱 모 쑤어 이고
일곱 밤을 자고서 일곱 손주 만나러

한 고개 넘어섰다 두부 한 모 놓고
길 잃고 밤새 헤맨 아기 노루 먹으라고

두 고개 넘어섰다 두부 한 모 놓고
먹이 없이 내려온 다람쥐 먹으라고

세 고개 넘어섰다 두부 한 모 놓고
알 품고 봄 기다리는 엄마 꿩 먹으라고

네 고개 넘어섰다 또 한 모 놓고
동무 없어 심심한 산토끼 먹으라고

다섯 고개 넘어섰다 또 한 모 놓고
눈 속에서 병든 오소리 먹으라고

여섯 고개 넘어섰다 또 한 모 놓고
외로워 짝 찾는 비둘기 먹으라고

일곱 고개 넘어서니 일곱 손주 기다리는데
두부는 안 남고 한 모밖에 안 남고

아기 다람쥐의 모험
　　신경림

눈이 내리고
하얗게 산이 덮이고

아기 다람쥐
먹을 것이 없어서

도토리가 없어
배가 고파서

쪼르르 쪼르르

산봉우리 내려와

바위너설 내려와
풀 언덕 내려와

저만큼 멀리
아파트 마을 보이네

찻길 건너 몰래
아파트로 들어서니

와! 우리 먹을 도토리
다 여기 와 널려 있네

도토리 하나 입에 물었네

엄마 것 또 하나 물었네

아빠 것 또 하나 물으니
입 안에 가득

신이 나서 찻길을 건너고
풀 언덕을 지나고

바위너설 지나고
산봉우리 오르니

엄마 다람쥐 아빠 다람쥐
잠도 못 자고 기다리다가
너 어데 갔다 오니
눈에 눈물이 글썽

아기 다람쥐 입에 물린
도토리는 못 보고

사과가 익기까지

　　신현득

찬바람에 눈이 내리는 밤은
가지 끝이 시리지만
사과나무는
제 가지에 필 사과 꽃을 생각하며
긴긴 겨울을 참아가네.

'올해는 세상이 깜짝 놀라게
맛있는 사과를 열어 봐야지.'
'올해는 세상이 깜짝 놀라게
예쁜 사과를 열어 봐야지.'

'그렇지만 나는 사과나무야.
절대로 고함을 치는 게 아냐.
모든 건

속으로 생각만 하고 참는 거야.'

정월 –
이월 –
삼월 –

사과나무는
가지 끝에 지나는 바람의 온도로
봄이 어느만큼 왔는가를 짐작하네.
오늘이 며칠쯤인가도 생각하네.

'이제 날씨가 제법 따스운데
자, 그럼 우리도
봄맞이 준빌 해야지.
진달래 복숭아는 폈다는데.'

– 잎아,
 나오너라.
 나왓!

나무가 맘속으로 생각만 하면
잎이 나오네.
단단한 가질 뚫고 잎이 나올 때
간질간질하지만 나무는 꾹 참네.

– 꽃아

피어라.
피어!

나무가 맘속으로 생각만 하면
꽃이 피네.
'벌을 불러야지. 나비도….'

수많은 벌 떼들이 나비 떼들이
달콤한 꿀을 빨며 춤을 추네.
꽃에서 꽃으로 가지에서 가지로
흥겨운 꽃 잔치로 온 나무가 즐겁네.

- 살이 찌거라.
 살이 찌거라.
 찌거라!

나무가 맘속으로 생각만 하면
사과는 토실토실 살이 찌네.
낮에는 따뜻한 햇볕이
밤에는 달빛이 별빛이 내려와서
사과의 새파란 살이 되네.

지나는 바람이
이슬비가 모두
사과의 살이 되네
달콤한 맛이 되네.

사과들이 말하네.
"하, 참 재밌다.
정말 누가 보면
깜짝 놀라게 되어 가는군."
"대체 우리가 몇 형제야?"
"아흔 형제나 백 형제쯤."
"모두 쌍둥이처럼 닮았군."

— 예뻐지거라.
 예뻐지거라.
 예뻐지거랏

나무가 맘속으로 생각만 하면
사과들은 모두 연지를 찍게 되네.

팔월 –
구월 –
시월 –

사과는
가을에 늦지 않게 모두 익었네.

"해야 해야 고맙다.
우리를 익혀 주느라
수고했다 고맙다.
비야 비야 고맙다.

시원한 물을 마시게 한
비야 고맙다."

"정말 누가 보면 깜짝 놀라게 되었군."
"그렇지만 우리는 어디로 갈까?"
"예쁜 아기의 울음을 달랠 거야."
"신랑 각시의 잔칫상에도 놓일걸."
"먼 나라 가는 배도 탈 거야."

병사와 산토끼
　　신현득

휴전선이 눈으로 덮이고부터
산짐승은 무얼 먹지?

배고파 배고파, 하며
토끼가 초소로 찾아들었다.
주먹밥 먹으려던 병사가
"배고프지?" 하며
밥덩이를 눈 위에 놓아 준다.

"총 든 아저씨
쏘지는 마세요."
토끼가 입에 밥을 댄다.

토끼가 돌아간 뒤 병사는
"이건 산새 먹이다" 하며
남긴 밥을 눈 위에 둔다.

병사는 점심 한 끼를 참기로 한다.
'쟤들이 더 배고프겠지' 하며

통일이 되는 날의 교실
　　신현득

　　그 소식을 듣고부터
　　필통 안 컴퍼스가
　　그냥 있는 게 아니었다.

　　연필도
　　제가 필통을 열고
　　나오는 것이었다.

　　교실은 책상들까지
　　덜컥거리는 것이었다.

　　아이들은 이제
　　우리나라 지도를 다 그리고
　　신의주 가는 찻길을 그려 놓고

백두산까지 달리는 바람이
구름 밀고 가는 걸
내다보았다.

뒷벽 그림 속의 꼬마들도
그 바람에
모두 뛰어나와
떠들며 뛰어다니는 것이었다.
도무지
그림 속에 들어갈 생각은
하지 않는다.

- 통일이 됐다.
나뉘어져 있기 싫어 통일이 됐다.
교실 귀퉁이에서
지구본이 돌면서 떠들어 댄다.

- 이제부터 더 열심히
조약돌은 조약돌 노릇을 하고
소나무는 열심히
산에 서서 푸르고
그림, 컴퍼스 너도
그만 필통 안 네 자리에
들어가거라.
선생님은
조용히 타이르는 것이었다.

석굴암을 오르는 영희

정호승

이른 새벽 석굴암을 오르는 영희의 맑은 눈 속에 해가 솟습니다.
붉고 둥근 동해의 해가 영희의 눈 속에서 솟아오릅니다.
토함산 풀잎에 도록도록 굴러 내리는 이슬방울이
영희의 코고무신에 부서지고,
지난밤 산기슭으로 떨어진 별들이
지금 막 새벽하늘로 떠오릅니다.
영희는 채 떠오르지 못한 아기 별 하나 주워 들고,
소나무 사이로 뾰족이 엿보이는 초승달을 향하여 손을 흔듭니다.
초승달은 이끼 낀 바위틈으로 재빠르게 뛰어가는 다람쥐를,
마지막 비추고 떠나갔습니다.

어느새 소나무 솔잎 사이로 햇살이 풀향기를 몰고,
영희의 머리칼에 아침 안개가 사라집니다.
수줍은 산딸기 빼시시 고개 돌리고,
영희는 지금 선화공주의 따스한 손을 잡고 오릅니다.
먼 옛날 아이들의 목소리가 토함산 계곡 약숫물 소리처럼 들리고,
산나물 캐던 산 색시 치맛자락 끄는 소리가 들려옵니다.

영희와 선화공주의 맑은 눈 속에 출렁이는 끝없는 동해 바다 위,
흰 돛단배는 바람과 구름과 해를 싣고 떠나갑니다.
어젯밤 보살님은 초승달 타고, 밤하늘에 머리 풀어 감으셨는지,
석굴암 돌층층대를 오르는 영희의 발 아래,
보살님 금비녀가 톡 채입니다.

보살님은 어젯밤, 산자락 넘어가는 구름이 되어 별들을 파묻고 잠
드셨나 봅니다.
해와 달 오고 가는 길을 닦다가 부처님 기침 소리에 깜짝 놀라셨나
봅니다.

영희는 옷을 털고 햇살을 털고,
환히 촛불을 밝힙니다.
촛불은 영희의 뺨을 타고 눈물 흘립니다.
돌아가신 엄마의 고운 얼굴이 부처님 밝은 웃음 속에 떠오릅니다.
연꽃잎 피어나는 소리 같은 엄마의 목소리가 들려옵니다.
엄마야 엄마야, 영희는 푸른 동해를 펼쳐 논,
석굴암 보살님의 보드라운 치마폭에 폭 안깁니다.

〈귀여운 나의 새〉

- 빨간댕기 산새 12

김구연

나에겐 사랑하는 새 한 마리 있다네
이마 꼭지 빨간 귀여운 나의 새.

맨 처음 나는 그 산새
노랫소리에 반했었다네
그런데 지금 나는
빨간댕기 그 산새 전부를 사랑하고 있다네.

나는 걸음마 못 하는 한 그루 어린 나무
산새 내 가지에 머물며 노래 부를 때
나는 세상에서 가장 행복하다네.

날이 저물어 그 산새 집으로 돌아갈 때면
나는 가고 싶어도 따라갈 수 없다네
속으로 울음소리 죽이고 혼자 운다네.

캄캄한 밤 풀벌레 소리뿐
나는 별들에게 호소한다네
내 눈물 한 방울과 별 하나 바꾸고
내 눈물 두 방울과 별 두 개 바꾸고
내 눈 속의 별들로 목걸이 만들어
나는 나의 이쁜 산새 주려네
이쁜 산새 목에 걸어 주려네.

나에겐 사랑하는 새 한 마리 있다네
이마 꼭지 빨간 귀여운 나의 새.

지각대장

　　김구연

강변 오솔길 따라 학교에 오다가
산벚꽃 너무나도 하이야니 눈부시게 피어서
어쩔 수가 없었습니다.

강변 오솔길 따라 학교에 오다가
주렁주렁 열린 오디 너무나 까맣게 익어서
나는 어쩔 수가 없었습니다.

강변 오솔길 따라 학교에 오다가
강물로 날아들어 송사리 물고 나오는 물총새 만나
나는 정말 어쩔 수가 없었습니다.

무지개

하청호

- 하늘에 무지개가 고와요
어머니, 난 저 무지개를 갖고 싶어요

- 얘야, 착한 마음 고운 마음이면
늘 무지개를 가질 수 있지.
네 마음속에 잠자고 있는
무지개를 찾으렴

아이의 눈은 반짝하고 빛났어요.
- 어머니, 난 찾겠어요
내 마음과 성냄과 게으름 속에
감추어진
나의 무지개를요

- 그런데, 어머니
어머니는 무지개를 갖고 싶잖아요?
어머니는 작은 웃음을
아이의 눈 속으로 보냈어요
그리고 혼자 속삭였어요

- 얘야, 이 엄마의 무지개는 너란다

어머니는 이 세상에서
가장 귀하고
고운 무지개를
꼭 껴안아주었어요

썰매 타기
노원호

간밤에 바람이 칼날 같더니
한 뼘 남짓한 깊이의 논바닥에 얼음이 얼었다.

바람을 가르며, 겨울을 짓뭉개며
얼음판을 달리는 동네 아이들
동치미 맛처럼 밀려오는 즐거움을
산더미처럼 내려 앉는 높은 하늘을 가까스로 안으며
겨울 들판 수놓는 고향 마을 썰매 타기
아버지도 이 벌판에서 얼음을 지쳤을까.

무수히 날아드는 바람 자락을 잡고
그것도 모자라 햇빛 한 자락 보듬어 쥐고
씽씽 달리는 고향 아이들
그들의 눈빛엔 차가움도 손시림도 녹아내리고
가슴속 깊숙이 괴어 있는 꿈빛을
썰매에 가득 싣고 들판을 달린다.
논배미에 모여든 겨울 햇빛
아이들 이마에서 반짝이고 있다.

달

손광세

소년의 집
창밖에 달이 떠 있다.
내 딸아!
오늘은, 또
얼마나
엄마를 원망하다 잠이 들었니?

"엄마 말씀 잘 들을게요.
엄마랑 살고 싶어요."
헤어지던 날
너는 두 손을 비비며 매달렸지.

우리가
왜 헤어져야 하는지 이야기하고
엄마가 없어도
꿋꿋이 살아가야 한다고
타이르자,

무슨 말인지도 모르면서
눈물 훔치고
고개를 끄덕이던
착하기만 한 내 딸아!

울타리 안으로 들여보내 놓고
자꾸만 돌아보던, 너를
숨어서 지켜보며, 엄마는
얼마나
울었는지 모른단다.

감기 들지는 않았는지
이불을 뒤집어쓰고
소리 죽여 엄마를 찾지는 않는지
하루도 거르지 않고
너를 찾아오는 엄마를 아니?

달은
소년의 집
창밖에 떠 있는 달은

엄마란다.

방에는 들어가지 못하고
창가에서 서성이다 돌아가는
엄마의 마음이란다.

자고 간 잠자리
신언련

화분꽃
가지 끝에서
잠자리 한 마리
자고 갔다.

진이가
엄마 품에서 잠을
자듯

꽃가지 품에서
자고 간
잠자리

어제
진이랑 놀다
집 못 찾아가고

거기
창밖에서
불빛 바라보다
잠들었나 봐

실비 내리는
아침
날갯짓
소리도 없이
한 잎
풀잎이 되어
사뿐히
떠나갔구나.

물빛 날개옷에
가을 걸치고
오늘은 또
어느 마을을 기웃거릴래?
가늣한 실비 속에
흔들리는 산 숲
마을이
종소리처럼 깨어나는
사각에
내 서운함
알 바 없이
어디로 갔니.

진이는 아직 자고 있는데
진이는 아직 자고 있는데

빌딩과 소년
이종택

어머니는 그날 아무 말 없이
옷 나부랭이를 챙기셨다.
이것저것 형이 입던 헌 속옷,
헌 신발까지도 뭉쳐서 집을
나서셨다.

아침부터 가랑비가 내리는
어느 늦가을 날이었다.

그런데 어머니는 그날
해질 무렵에야
그 보따리를 도로 안고
집으로 돌아오셨다.

힘이 없어 보이는 어머니는
두 번 세 번 한숨을 내리쉬셨다.
"어디 갔다 오세요?
이 보따리는 뭐예요?"
이윽고 어머니가 입을 여셨다.

― 어제 시장에서 돌아오시던
길이었단다.
어떤 빌딩 간판 아래
추위에 떨고 서 있는
한 소년이
하도 측은해 보이길래
"어디 사는 누구냐"고 물었더니

"저어기 세탁소에 있시유
오늘이 마침 쉬는 날이지만
어디 놀러 갈 데도, 만나 볼 사람도 없어
이렇게 서울 사람 지나다니는 걸
구경하고 있시유,
허지만 저녁에는 공부하러
학원 갈 거예유."
그날도 하루 내 가을비가 내렸단다.

속옷도 제대로 못 갖춘 그 소년!
어머니는 그 소년의 거친 손등을
내려다보며
"얘야! 우리 내일 이맘 때 이 자리에서
다시 만나자꾸나."
"왜 그러세유?"
"이 비가 그치면 추워질 거야
너에게 헌 옷이라도 하나 갖다 주고 싶구나."
그러나 다음 날 그 소년은

나타나지 않았단다.

이날 우리 어머니는
그 소년처럼
그 빌딩 간판 아래
두 시간 세 시간을
기다렸다고 하신다.

그날의 그 소년처럼
우리 어머니는
가랑비를 맞으시며
서울 사람 지나가는 것을
땅거미가 서릴 때까지
구경하고 있었다고 하신다.

어머니가 들려주신, 마치
동화와 같은 이야기를 듣고
내 마음은 어두웠다.
그 소년이 밉기까지 했다.

그러나 다음 순간,
다른 생각이 내 머리를 스쳤다.

- 갑자기 피치 못할 사정이 생겼던 건 아닐까
- 혹시 세탁소 주인이 못 가게 했던 건 아니었을까
- 그것도 아니라면

여느 때 어른들의 말을 믿지 못한 그 소년이
우리 어머니의 약속마저
믿지 않았던 건 아닐까

이 생각 저 생각 하다가 이윽고
자정 치는 시계 소리를 듣는다.

산골 우체부 아저씨
허동인

산 넘고
물 건너가느라
걸음이 무거워 오면

아직은 멀었다
걸음마 때부터 모은 걸음
다 합해도 지구를 한 바퀴
돌기까지는

빨리빨리 채워 가자
지구 한 바퀴

왼발
오른발
걸음을 재촉합니다.

배부른
우편 가방
점점 힘겨워 오면

편지와 소포들의
왁자지껄한 목소리가
풍선처럼 터져 나옵니다.

'빨리빨리 전해줘요.'
'주인을 기쁘게 해 드리고 싶어요.'
'이제 얼마 안 남았어요.'

'그래그래
네 말이 맞다.
한시바삐 만나게 해 줄게.'

혼자서 알아듣고
심심찮게 대답합니다.

병아리 모이
  박경종

할아버지 할머니는
우리를
병아리라고 해요.

할아버지는
할머니더러
낮은 목소리로

- 여보, 병아리들
모이가
다 떨어졌네요.

- 그래요?
모이가 없으면
고놈 병아리들이
우리 방에
놀러 안 올 건데요, 호호호
하고 같이 웃으시다가
할머니는
출근하는 아빠를 보고
- 애비야, 퇴근길에 병아리들
모이 좀 사 가지고 오너라!
- 모이라니요?
- 거 있잖아, 사 사말이야!
- 예, 예, 알겠습니다.
대답하고

하늘을 바라보고
웃으며 나가면

우리도 뒤돌아서서
같이 웃는다

산열매처럼 동글동글 예쁜 토끼 똥
양재홍

숟갈로 밥을 뜨듯 폭 파낸 뒷산 자리에
집짓기 한창이야.
우리 반 은영이는 내년 가을에
새 집이 생긴다며 날마다 자랑이지만
가끔 난 뒷산이 보고 싶어 눈물 날 때가 있어.
너하고 술래를 잡으며 놀던 무덤가
꼬부랑 할미꽃은 어디로 갔을까?
숨어서 오줌을 눈다고 떡갈나무 아래로 가다
까치독사를 만나서 바지를 적신 날은 해가 너무 길었지.
토토리 물고서 달아나는 다람쥐를 쫓다가
다리를 다친 날엔 네 등에 오래오래 업혔으면 좋겠다고
일기장에 몰래 써 놓기도 했어.
밤송이에 이마를 맞으며 주운 알밤을 포옥 쪄서
할머니께 드린 날은 얼마나 기뻤는데.
참, 그때 생각나니?
동시 짓기 시간에 새소리랑 풀벌레 소리를
잘 표현했다고 선생님께 칭찬받던 날 말이야.
뒷산 동무들의 노래를 원고지에 옮겼을 뿐인데
칭찬은 배가 터지도록

푸짐했었지.
우리들이 손잡고 산길을 가면 척척 감겨 오던 거미줄
산열매처럼 동글동글 예쁜 토끼 똥
아빠 팔뚝에 울룩불룩한 힘줄 같던 두더지길
이제 모두 다 싸악 사라졌지만
가만히 눈 감아 봐.
네 마음의 작은 연못에 산 그림자 하나 비칠 테니.

세배

엄기원

설날 아침
할머니는 젊어지고
어린 손자들은
점잖아진다

때때옷 차려입고
할머니 앞에
다소곳이 세배 드리면서

"할머니, 할머니, 오래 사세요."

"공부 잘하고 잘 커야지."
할머니는 조심조심
꽃주머니를 여신다

언제 모아 두셨을까?
빳빳한 새 돈

"옛다,
애비도 세뱃돈 받아라."

"에미야,
너도 받아야지."

어머니한테도
동전 세 닢

하하하하
호호호호 —
설날 아침

할머니는 식구들에게
복을 주신다
정을 주신다

우리는 친구
   최수주

비가 사흘 밤낮으로 내렸어.
하늘에 구멍이 뚫린 것 같아.

옆 산에서는 산사태가 났대.
'우리도 피해야 하나?'
걱정된 할아버지 우비를 입고
주의 깊게 집 주위를 둘러보았어.
염소 우리도 꼼꼼하게 살폈지.

"어? 고라니 아냐?"
집으로 돌아온 할아버지
마당에 서 있는 고라니를 발견했어.
수돗가 옆에 주황색 봉숭아꽃.
그 옆에 고라니는 배가 볼록했지.
곧 아기를 낳을 것 같아.

"산사태로 집이 무너졌니?
이리 와서 잠시 쉬었다 가렴."
거미 사는 헛간에 마른 짚 깐 할아버지
다정한 목소리로 고라니를 불렀어.
고라니가 비척비척 헛간으로 왔어.
힘겹게 앉는 고라니를 보고
할아버지 다시 우비를 입었지.
손에는 잘 드는 낫을 들었어.

부드러운 콩잎을 잔뜩 해 온 할아버지
고라니 옆에 수북하게 놓아 줬지.
오후 내내 고라니 뒤척이는 소리.
저녁밥 짓기 전에 작은 생명 태어났어.

할아버지 손주 본 냥 싱글벙글하고
엄마 고라니 비로소 한시름 놓았어.

또다시 강력한 태풍이 왔어.
이장님이 할아버지 집을 찾았지.
"산사태로 집이 쓸릴 수도 있어요.
저와 함께 학교 강당으로 가세요."
"먼저 내려가 있게,
염소들 놓아 주고 바로 따라갈 테니."
사료 잔뜩 부어 주고 염소 우리 열어 놨어.
"가만 있다 산사태에 당하지 말고
어떻게든 피했다가 살아서 보자."

장롱 깊이 박아 놨던 통장 챙겨서
급하게 산 밑까지 내려온 할아버지.
쿵! 우르르르, 쿵! 우르르.
천둥 치는 소리 내며 산이 떠밀렸어.
"산사태다!"
뒤돌아본 순간, 피할 새도 없이
흙더미에 덮친 할아버지.
멀찍이서 산사태 바라보던 고라니
바람같이 달려와서 흙더미 파헤쳤지.

초조하게 할아버지 기다리던 이장님.
다시 할아버지 집으로 가다가
흙더미 파헤치는 고라니를 봤지.

"고라니가 이상하네. 같이 가 보세."
마을 사람 두어 명과 흙더미 파헤쳤어.
불쑥 나오는 할아버지 장화.
"할아버지!"
"영감님!"
엠블런스 불러서 할아버지 옮기고
"고라니야, 고맙구나."
인사하는 이장님.
안심하고 겅중겅중 뛰어가는 고라니.
같은 공간 사는 우리는 친구야.

샘골 할머니의 콩 심기

이명희

들판이 초록 옷을 입기 시작했어요.
"파릇파릇 봄이 달리고 있구먼!"
마음 급해진 샘골 할머니,
'하루바삐 콩을 심어야겠다.'
종자로 보관해 둔
튼실한 백태, 흑태, 쥐눈이콩을 꺼냈어요.

'요 똘망진 녀석들, 심으면 싹을 틔우고 쑥쑥 자라겠지!'
샘골 할머니는 파란 콩밭을 떠올리며 흐뭇해했어요.
밭고랑을 만들고 종류대로 콩을 심었지요.
새가 콩을 조금 덜 파먹게 풀잎을 뜯어다 덮었어요.

"한 구멍에 서너 개 넣었으니, 한두 개
 너희 몫만 먹어라."

할머니는 닷새가 지나자
콩 싹이 나왔나 궁금해 밭을 살폈어요.
멧비둘기, 꿩, 산까치가 콩을 파먹어
띄엄띄엄 났어요.
'풀잎으로 가려도 소용없네,
빈자리를 어떻게 채워야 새가 모를까!'

젊은 사람들은 새 못 먹게 빨간색 약제
새총을 입혀 콩씨를 심었어요.
새총은 페인트처럼 흘러내리는, 새가 싫어하는 약품이지요.
'나도 어쩔 수 없네!'
할머니도 새총 약을 콩에 발라
새가 파먹은 빈자리에 심었어요.

닷새쯤 되자 콩 싹이 귀엽게 고개 들었어요.
"너희들 잘 키워 줄게, 주렁주렁 열매 맺게 해 주마!"
할머니는 싹틔운 콩이 신기했어요.
'열심히 농사지어 풍작을 이루어야지!'

할머니는 오늘도 이른 아침 콩밭으로 갔어요.
아! 그런데 누가 싹을 잘라갔어요. 누굴까?
범인은 밭가 뽕나무에서 깍깍 깍깍깍…
울어대는 산까치였어요.

"이번에는 또 어떻게 땜질을 하누!"

할머니는 어쩔 수 없이 이장 아저씨한테 부탁해
싹이 자란 콩 모종을 빈자리에 심었어요.
콩밭에는 콩씨로 심은 콩, 새총 약에 버무려 심은 콩,
모종해서 심은 콩이 사이좋게 자라고 있어요.
이제 새들도 싹이 자란 콩은 자르지 못했어요.

"자라는 콩 포기마다 손주처럼 이쁘구먼!"
할머니는 다독다독 북을 돋아 주었어요.
"병치레 하지 말고 쑥쑥 자라자!"
해님도 방글방글 햇살을 비춰 주었어요.
봄바람이 살포시 밭이랑을 둘러보고 지나갔어요.

떡할머니와 호랑이

이규원

옛날옛날 깊은 산 속, 떡 할머니 살았네
'내일은 우리 손주 생일이니
맛있는 떡을 만들어 가져다주어야지
콩떡, 팥떡, 찰떡, 수수떡….'

할머니 떡 광주리 이고 고갯길을 넘는데
한 고개 넘어서
"아이고, 다리야."

두 고개 넘어서
"아이고, 허리야."
세 고개 넘는데, 불쑥 나타난 호랑이
"어-흥, 떡 하나 주면 안 잡아먹지."
"옛다! 콩떡이다. 팥떡이다."
"어-흥, 또 줘!"
"찰떡이다. 수수떡이다."
"어-흥! 맛있다. 냠냠… 쩝쩝….'
떡을 모두 빼앗긴 할머니
집으로 돌아왔지.

'못된 호랑이에게 떡을 모두 빼앗겼네.
옳지, 떡 속에 돌멩이를 넣어서 호호호….'

다시 떡 광주리를 이고 고갯길을 넘는데
한 고개 넘어서
"아이고, 다리야."
두 고개 넘어서
"아이고, 허리야."
세 고개 넘는데
불쑥 나타난 호랑이.

"어-흥! 떡 하나 주면 안 잡아먹지."
"옛다! 콩떡이다!, 팥떡이다!
찰떡이다! 돌떡이다!"
"호호호… 웬 떡이냐! 웬 떡이냐!"

"아이쿠, 내 이빨, 이빨 아파! 호랑이 살려라!"
데굴데굴 구르며 숲속으로 달아났단다.
"오호호호…, 떡 속에 돌멩이가 있는 줄 몰랐지? 호호호…."

어느 날 누가 말했을까요?
 이규원

 윙– 윙–
 찬바람이 불던 어느 날
 "조금만 더 참으렴. 곧 따스한 봄이 올 거야."
 나무에게 이렇게 말한 건,
 해님일까요?
 바람일까요?
 아니면 나무를 바라보던 아이들일까요?
 아마 모두 이 말을 했나 봐요.

 살랑살랑 부드러운 바람이 불자
 나무는 연둣빛 싹을 내밀고
 꽃을 피웠지요.
 벌, 나비, 새들이 날아오고
 어린 친구들이 즐겁게 노래했어요.

 '주룩– 주룩–'
 장맛비가 내리던 어느 날
 "좀 더 튼튼하게 자라렴."

나무에게 이렇게 말한 건,

해님일까요?

바람일까요?

아니면 나무 밑에 놀러 오던 아이들일까요?

아마 모두 이 말을 했나 봐요.

해님이 빛 화살을 마구 쏘자

나무는 죽-죽- 가지를 뻗고

초록 잎을 활짝 폈어요.

강아지, 망아지가 뛰놀며

신나게 춤을 췄지요.

'휙- 휙-'

바람 따라 하늘이 높아지던 어느 날

"탐스런 열매를 맺으렴."

나무에게 이렇게 말한 건,

해님일까요?

바람일까요?

아니면 나뭇잎을 주워 든 아이들일까요?

아마 모두 이 말을 했나 봐요.

알록달록 단풍잎이 곱게 물들고

주렁주렁 열매들이 열렸지요.

토끼, 다람쥐,

어린 친구들이

엉덩이를 들고 열매를 주웠어요.

'펑– 펑–'
소리 없이 하얀 눈이 내리던 어느 날
"아름다운 꿈나라로 가렴."
나무에게 이렇게 말한 건,
해님일까요?
바람일까요?
아니면 눈 굴리던 아이들일까요?
아마 모두 이 말을 했나 봐요.

나무는 가지마다 하얀 이불을 덮고
깊은 잠에 빠졌어요.
새봄에 피울 예쁜 꽃과
한 뼘 키 큰
아이들의 꿈을 꾸면서요.

좋아하는 숫자

　　박상재

하루 종일 일만하는 깜둥이 일개미야
너는 너는 어떤 숫자를 좋아하느냐
나는 나는 당연히 1자를 좋아하지

머리 크고 꼬리가 긴 도마뱀 이구아나
너는 너는 어떤 숫자를 좋아하느냐
나는 나는 당연히 2자를 좋아하지

푸른 바다 헤엄치는 등이 푸른 삼치야
너는 너는 어떤 숫자를 좋아하느냐
나는 나는 당연히 3자를 좋아하지

초원에서 울부짖는 동물의 왕 사자야
너는 너는 어떤 숫자를 좋아하느냐
나는 나는 당연히 4자를 좋아하지

동해바다 좋아하는 다리 열 개 오징어
너는 너는 어떤 숫자를 좋아하느냐
나는 나는 당연히 5자를 좋아하지

지느러미 날카로운 남해안 육돈바리
너는 너는 어떤 숫자를 좋아하느냐
나는 나는 당연히 6자를 좋아하지

볏색깔이 잘 바뀌는 울긋불긋 칠면조
너는 너는 어떤 숫자를 좋아하느냐
나는 나는 당연히 7자를 좋아하지

알록달록 여덟 빛깔 나그네새 팔색조
너는 너는 어떤 숫자를 좋아하느냐
나는 나는 당연히 8자를 좋아하지

사람 말을 흉내내는 따라쟁이 구관조
너는 너는 어떤 숫자를 좋아하느냐

나는 나는 당연히 9자를 좋아하지

온순하고 얌전하고 사이좋은 십자매
너는 너는 어떤 숫자를 좋아하느냐
나는 나는 당연히 10자를 좋아하지